조코딩의
챗GPT API를 활용한

수익형
웹 서비스
만들기

조코딩의 챗GPT API를 활용한 수익형 웹 서비스 만들기

챗GPT API, JavaScript, AWS, Node.js를 활용한 웹 서비스 개발

초판 1쇄 발행 2024년 1월 3일
초판 2쇄 발행 2024년 2월 29일

지은이 조동근 / **펴낸이** 전태호
펴낸곳 한빛미디어(주) / **주소** 서울시 서대문구 연희로2길 62 한빛미디어(주) IT출판2부
전화 02-325-5544 / **팩스** 02-336-7124
등록 1999년 6월 24일 제25100-2017-000058호 / **ISBN** 979-11-6921-185-7   93000

총괄 송경석 / **책임편집** 홍성신 / **기획 · 편집** 이희영
디자인 표지 박정우 내지 박정화 / **전산편집** 다인
영업 김형진, 장경환, 조유미 / **마케팅** 박상용, 한종진, 이행은, 김선아, 고광일, 성화정, 김한솔 / **제작** 박성우, 김정우

이 책에 대한 의견이나 오탈자 및 잘못된 내용에 대한 수정 정보는 한빛미디어(주)의 홈페이지나 다음 이메일로
알려주십시오. 잘못된 책은 구입하신 서점에서 교환해드립니다. 책값은 뒤표지에 표시되어 있습니다.
한빛미디어 홈페이지 www.hanbit.co.kr / **이메일** ask@hanbit.co.kr

지금 하지 않으면 할 수 없는 일이 있습니다.
책으로 펴내고 싶은 아이디어나 원고를 메일(writer@hanbit.co.kr)로 보내주세요.
한빛미디어(주)는 여러분의 소중한 경험과 지식을 기다리고 있습니다.

조코딩의
챗GPT API를 활용한

수익형
웹 서비스
만들기

조동근 지음

챗GPT API, JavaScript, AWS, Node.js를
활용한 웹 서비스 개발

한빛미디어
Hanbit Media, Inc.

챗GPT가 등장한 지 1년이 넘었습니다. 처음에는 AI 기술의 눈부신 발전에 감탄하는 정도에 그쳤습니다. 하지만 지금은 챗GPT가 저의 일상에 깊숙하게 스며들었습니다. 발표 자료 개요를 구성하기 막막할 때, 마케팅 카피 아이디어가 떠오르지 않을 때, 지치고 길었던 회의가 끝난 뒤 회의록을 작성할 때 챗GPT는 언제든 해결책을 제시해 줍니다. 심지어 맞춤법이 틀려도 괜찮습니다. 챗GPT에게 물어보면 짜증 한 번 내지 않고 실수를 고쳐 주니까요.

챗GPT는 지난 1년 동안 저뿐만 아니라 전 세계 사무직의 일하는 방식을 완전히 바꿔 놓았습니다. 앞으로 변화의 속도는 더 빨라지고, 영향을 받는 산업은 더 많아질 것입니다. 이러한 변화에 막연한 두려움을 느끼는 사람에게 이 책은 명확한 해답을 줍니다. 일반적인 챗GPT 도서는 생성 AI의 전반적인 개념과 사용법에 대해서만 설명하는 반면, 이 책은 하나의 서비스를 만들기 위해 챗GPT를 활용하는 A to Z를 설명합니다. IT 서비스에 대한 경험과 지식이 없어도 챗GPT를 아이디어 실행 도구로 사용하고, 나아가 수익 창출로 연결할 수 있습니다. 세상에 스마트폰이 처음 등장했을 때처럼, 챗GPT를 배우고 나만의 서비스를 만들어 본다면 여러분의 두려움을 확신으로 바꿀 수 있을 것입니다.

– 테크니컬 리뷰어, 나민주

챗GPT, 아직도 '사용'만 하나요?
이제는 생성 AI를 '활용'하는 서비스 제작자가 되세요!

지금은 모두가 아는 이름이 된 많은 기업이 인터넷과 스마트폰의 등장과 함께 탄생하고 또 성장했습니다. 새로운 기술은 많은 분야의 패러다임을 바꿔 나가기 때문이죠. 현재 전 세계는 챗GPT, 달리를 비롯한 생성 AI 열풍입니다. 마치 인터넷과 스마트폰이 처음 등장할 때만큼의 혁신입니다.

게다가 인터넷이 막 퍼지기 시작하던 때와는 달리 지금은 기술적 장벽이 극도로 낮아진 것은 물론이고 세계적인 기업, 최고의 석학들이 천문학적 비용을 들여 만든 인공지능 모델이 오픈소스로 공개되어 있죠. 문제가 생겼을 땐 커뮤니티에 질문만 하면 전 세계 전문가들의 도움을 받을 수 있습니다. 언어도 문제가 되지 않습니다. 번역 AI의 도움을 받으면 되니까요. 이제는 프로그래밍, 인공지능을 몰라도 원하는 품질의 서비스를 누구나 만들 수 있는 시대가 된 것입니다. 필요한 것은 아이디어와 실행력뿐이죠.

이런 최고의 기회가 찾아왔는데, 그저 사용자로만 남아 남들이 만들어 놓은 것을 쓰기만 하고 있나요? 이제는 직접 서비스 제작자가 되어 보세요!

이 책은 '운세 보는 챗도지'라는 서비스를 아무것도 없는 바닥부터 프런트엔드와 백엔드를 차곡차곡 쌓고 배포하기까지 과정을 담았습니다. AI에 대한 지식이 없어도 API만 붙여 GPT를 내 서비스에 가져다 쓸 수 있고, 디자인이나 프로그래밍을 전혀 몰라도 챗GPT의 도움을 받아 사용성 높은 서비스를 완성할 수 있습니다. 또, 대용량 트래픽이 몰려도 저렴하고 안정적으로 서비스를 운영하는 방법, 트래픽을 수익으로 연결하는 방법까지 알려드립니다. 이제 챗GPT의 사용자가 아닌 나만의 서비스에 활용하는 개발자가 되어 보세요.

조동근

이 책의 실습 예제인 '운세 보는 챗도지'를 구현하려면 크게 2가지 지식이 필요합니다. 사용자와 상호 작용하는 **프런트엔드**와 API 서버가 구동될 **백엔드**입니다. 이 책은 2가지 지식을 가장 기초적인 기술 기반으로 설명합니다.

• **'운세 보는 챗도지' 홈페이지** fortunedoge.chat

원하는 주소로 도메인 구매하고 적용하기

HTML, CSS, 자바스크립트로 프런트엔드 완성하기 (with 챗GPT)

생성 AI로 로고, 레이아웃, 버튼 디자인하기

카카오 애드핏으로 광고 배너 달기

안녕하세요! 운세를 확인해주세요.

플레이그라운드로 더 세심하고
개인화된 대화 주고받기

오늘 운세 알려줘

2023년 8월 19일의 운세를 알려드리겠습니다. 이 날은 당신에게 조금 복잡한 에너지를 가져올 수 있습니다. 어떤 상황이나 결정을 직면하게 될 수도 있으며, 이를 처리하는 데 추가적인 노력과 주의가 필요할 수 있습니다. 긍정적인 측면에서는 이 날 당신은 잠재력을 최대한 발휘할 수 있는 기회를 얻을 수 있습니다. 창의력과 독창성이 높아지며, 새로운 아이디어를 개발하거나 새로운 프로젝트를 시작할 수 있습니다. 그러나 부정적인 측면으로는 스트레스와 감정적인 도전이 있을 수 있습니다. 어떤 상황이나 인물과의 갈등이 힘들게 만들 수 있으므로, 이를 처리하기 위해 자기 통제와 타협이 필요할 수 있습니다. 자기 관리와 강한 의지력을 발휘하는 것이 중요합니다. 이 날에는 자신의 감정에 대해 솔직하게 되고, 안정을 찾기 위한 노력을 기울일 필요가 있습니다. 충동적인 행동은 조심해야 하며, 과도한 긴장이나 스트레스를 피하기 위해 휴식과 여유를 가져야 합니다. 요약하자면, 2023년 8월 19일은 성장과 도전의 기회를 제공하지만, 감정적인 어려움과 스트레스와도 마주칠 수 있는 날입니다. 자기 통제와 포용력을 유지하며, 안정과 균형을 추구하는 것이 좋습니다.

추가로 링크를 눌러 작은 정성 베풀어주시면 더욱 좋은 운이 있으실겁니다. => 복채 보내기

Node.js, Express를
통해 챗GPT API 서버와
소통하고 백엔드 구축까지!

토스 아이디로 자연스럽게
수익화하기

메시지를 입력하세요...

보내기

필드, 버튼, 아이콘, 인트로 화면까지
생성 AI를 활용한 UI 디자인하기

별 5개 충분합니다. 다른 강의와 분명 다릅니다. 특히 챗GPT로 시작해 서버 배포까지 서비스의 사이클 전체를 경험할 수 있어서 좋았습니다. HTML, CSS 조금 아는 왕초보였는데 한층 성장한 느낌이에요!

– k***** 님

쉽게 잘 설명해 주셔서 실습하는 데 어려움이 없었습니다. 프로그래밍을 아예 몰라도 조코딩 님의 다른 기초 강의를 참고하면 되고, 복잡한 코드는 챗GPT가 도와주니 금세 완성까지 올 수 있었어요.

– 이** 님

챗GPT를 사용해 수익을 창출하는 건 정말 신세계네요!

– 안** 님

조코딩+챗GPT? 이건 못 참지! 제작하는 서비스도 흥미로워요!

– un**** 님

챗GPT를 쓰겠다는 생각만 했지, API란 것을 가져다가 직접 서비스를 만들어 보겠다고는 생각해 본 적이 없었어요. 이제 API를 어떻게 응용하느냐에 따라 무궁무진한 발견을 할 수 있을 것 같아 설렙니다.

– hy**** 님

'운세 보는 챗도지' 홈페이지

이 책에서 구현할 '운세 보는 챗도지' 서비스의 홈페이지는 다음 링크에서 확인할 수 있습니다.

- **챗도지 홈페이지** https://fortunedoge.chat

예제 코드 내려받기

이 책에서 다루는 모든 예제 코드는 다음 URL에서 내려받을 수 있습니다.

- **깃허브 링크** gist.github.com/youtube-jocoding

온라인 강의

이 책의 내용은 유데미 또는 유튜브에서 〈ChatGPT API 활용한 수익형 웹 서비스 만들기 – 바닥부터 실전 배포까지〉라는 유료 온라인 강의로도 만날 수 있습니다.

- **유튜브 '조코딩 JoCoding'** youtube.com/@jocoding
- **유데미** udemy.com/course/chatgptapi

일러두기

이 책의 모든 예제는 **챗GPT 3.5** 버전, **달리2** 버전으로 실습하였습니다.

목차

Chapter

01

어떤 서비스를 어떻게 만들 것인가?

서비스 구조와 기술 스택

Chapter

02

생성하는 사전 학습된 트랜스포머

챗GPT란?

목차

01

서비스 구조와 기술 스택

이 책에서 구현할 서비스의 이름은 운세 보는 챗도지입니다. 사용자가 생년월일과 태어난 시간을 입력하면 오늘의 운세를 알려 주고 실시간으로 대화를 나눌 수 있습니다. 이 서비스의 전체적인 구조는 어떻게 되는 지 살펴보도록 하겠습니다.

| 학습 목표

- '운세 보는 챗도지'의 전체적인 구조와 구현하는 데 필요한 기술 스택을 알아봅니다.

| 핵심 키워드

- 프롬프트
- HTML
- CSS
- 자바스크립트
- Node.js
- API
- Express

서비스 구조

먼저 서비스의 구조를 간략하게 살펴보겠습니다. 다음 그림은 앞으로 이 책에서 만들 '운세 보는 챗도지(이하 챗도지)' 서비스의 첫 화면입니다. 화면 아래쪽을 보면 생년월일과 태어난 시간을 입력받는 입력창, **필드**가 있습니다. 그 아래 [시작하기] **버튼**, 그리고 수익을 낼 수 있는 **광고**가 있습니다.

[시작하기] 버튼을 누르면 운세를 알려 주는 채팅 창으로 화면이 전환됩니다. 생년월일, 태어난 시간과 함께 "오늘 나의 운세는 어때?"라는 질문이 챗GPT에게 전달되고, 챗GPT는 오늘의 운세에 대한 답변을 생성해 채팅 창으로 출력합니다.

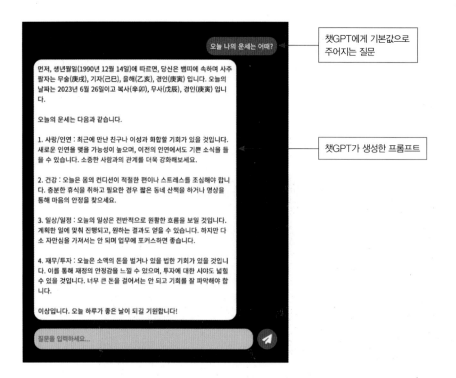

챗GPT에게 기본값으로
주어지는 질문

챗GPT가 생성한 프롬프트

여기에서 끝나면 흔히 일방향으로 정보를 전달받는 운세 서비스와 다를 바가 없을 겁니다. 하지만 챗GPT와 웹 서비스를 연결하는 이유는 '대화'를 나누기 위해서입니다. 사용자는 "오늘 회사 업무는 어떨 것 같아?"와 같이 궁금한 점을 계속 물어보고 답변을 받을 수 있어야 합니다.

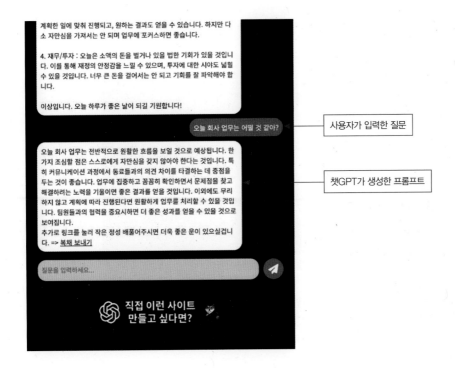

계획한 일에 맞춰 진행되고, 원하는 결과도 얻을 수 있습니다. 하지만 다소 자만심을 가져서는 안 되며 업무에 포커스하면 좋습니다.

4. 재무/투자 : 오늘은 소액의 돈을 벌거나 있을 법한 기회가 있을 것입니다. 이를 통해 재정의 안정감을 느낄 수 있으며, 투자에 대한 시야도 넓힐 수 있을 것입니다. 너무 큰 돈을 걸어서는 안 되고 기회를 잘 파악해야 합니다.

이상입니다. 오늘 하루가 좋은 날이 되길 기원합니다!

오늘 회사 업무는 어떨 것 같아? ─── 사용자가 입력한 질문

오늘 회사 업무는 전반적으로 원활한 흐름을 보일 것으로 예상됩니다. 한 가지 조심할 점은 스스로에게 자만심을 갖지 않아야 한다는 것입니다. 특히 커뮤니케이션 과정에서 동료들과의 의견 차이를 타결하는 데 중점을 두는 것이 좋습니다. 업무에 집중하고 꼼꼼히 확인하면서 문제점을 찾고 해결하려는 노력을 기울이면 좋은 결과를 얻을 것입니다. 이외에도 무리하지 않고 계획에 따라 진행된다면 원활하게 업무를 처리할 수 있을 것입니다. 팀원들과의 협력을 중요시하면 더 좋은 성과를 얻을 수 있을 것으로 보여집니다.
추가로 링크를 눌러 작은 정성 배풀어주시면 더욱 좋은 운이 있으실겁니다. => 복채 보내기 ─── 챗GPT가 생성한 프롬프트

질문을 입력하세요...

직접 이런 사이트 만들고 싶다면?

수익화 방식

이 서비스의 수익화 방식은 크게 2가지입니다. 첫 번째는 **카카오 애드핏** 광고를 삽입하는 것입니다. 다음 그림의 가장 하단의 '광고'라고 표시된 영역에 카카오 애드핏 배너가 들어갑니다.

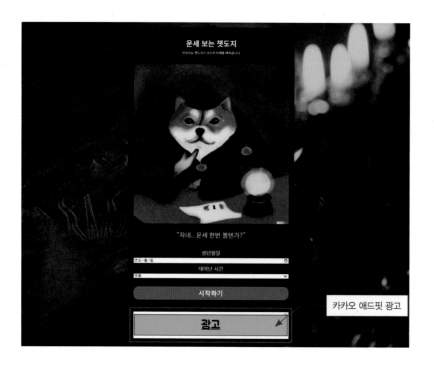

카카오 애드핏 광고

두 번째 수익화 방식은 **토스아이디 후원 링크**를 삽입하는 것입니다. 채팅을 시작한 다음 두 번째 답변부터는 "링크를 눌러 작은 정성을 베풀어 주시면 더욱 좋은 운이 있을 겁니다."라는 문장과 함께 토스아이디 송금 페이지와 연결되는 [복채 보내기] 링크가 제공됩니다. 이를 통해 채팅 창에서 자연스럽게 후원금 송금을 유도할 수 있습니다.

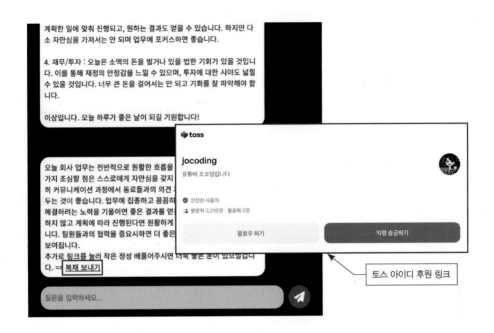

토스 아이디 후원 링크

이와 같은 채팅 서비스를 구현하는 방법을 익혀 두면 운세뿐만 아니라 다른 분야에서도 얼마든지 활용할 수 있습니다.

기술 스택

이 책의 목표는 챗GPT를 활용하여 누구나 쉽게 수익형 웹 서비스를 구현하는 것입니다. 일반적으로는 React나 최근 주목받고 있는 Next.js를 사용하기도 하죠. 하지만 이 책에서는 최대한 기초적인 기술로 서비스를 구현해 보도록 하겠습니다.

서비스를 구현하기 위해서는 크게 프런트엔드와 백엔드를 구현해야 하는데, 프런트엔드는 HTML, CSS, **자바스크립트**로, 백엔드는 OpenAI API, Node.js, Express를 이용하여 API 서버를 구축합니다.

프런트엔드 기술 스택　　　**백엔드 기술 스택**

API|Application Programming Interface란 쉽게 말해 '개인 또는 기업이 프로그램을 가져다 쓸 수 있게 만들어 둔 것'입니다. 즉, 챗GPT API란 'OpenAI에서 챗GPT를 어디서든 사용할 수 있도록 규칙을 만들어 놓은 것'입니다. 규칙에 맞는 요청을 전달하면 내가 만든 프로그램에서 챗GPT를 활용할 수 있게 됩니다. 이번 장에서는 챗GPT API의 동작 방식을 익히고, 뒤에서 백엔드에서 API를 사용하는 방법과 프런트엔드와 연결하는 방법을 살펴볼 예정입니다.

더 기초적이고 자세한 내용을 배우고 싶은 분들은 다음 주소에서 〈코딩 기초와 웹 프로그래밍〉 등 다양한 강의를 수강할 수 있으니 참고하기 바랍니다.

- 조코딩과 함께 공부하기: jocoding.net

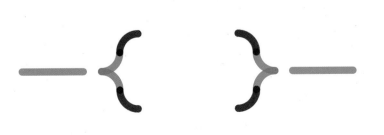

02 챗GPT란?

생성하는 사전 학습된 트랜스포머

기본적인 개념인 GPT와 챗GPT가 무엇인지 먼저 살펴보겠습니다.

┃ 학습 목표

- GPT와 챗GPT의 개념을 이해하고 구분할 수 있으며 챗GPT를 시작할 수 있습니다.

┃ 핵심 키워드

- 인공지능
- 트랜스포머
- GPT
- 챗GPT
- 프롬프트

GPT란?

GPT^{Generative Pre-trained Transformer}는 미국의 인공지능 기업 OpenAI에서 만든 초거대 언어 모델로, 직역하면 '생성하는 사전 학습된 트랜스포머'라는 뜻입니다. '생성하는(Generative)'이란, 현재 단어를 기반으로 다음에 등장할 단어를 생성하는 것을 뜻하고 '사전 학습된(Pre-trained)'이란 GPT라는 언어 모델이 초거대 데이터로 사전 학습되었다는 것입니다. '트랜스포머(Transformer)'란, 잘 알려진 인공지능 모델 학습 방식인 트랜스포머로 GPT를 학습시킨다는 의미입니다.

생성하는 사전 학습된 트랜스포머
GPT, Generative Pretrained Transformer

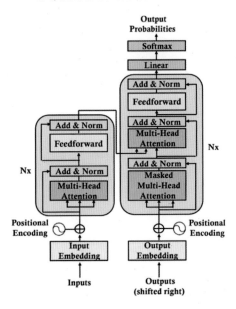

(출처: 아쉬쉬 바스와니의 「Attention is all you need」)

GPT는 다음에 등장할 단어를 어떻게 예측할까요? 만약 "내가 좋아하는 동물은 ___"이라는 미완성된 문장이 주어지고 빈칸에 넣을 단어를 생성한다고 가정해 봅시다. 가능한 단어 후보는 '강아지, 고양이, 늑대' 등이 있을 것입니다. 여기에 '아이폰'이 등장하는 것은 적절하지 않을 것입니다. GPT는 여러 개의 단어 후보가 있을 때 "내가 좋아하는 동물은 ___"이라는 문장 다음에 나오기에 가장 적절한 단어 하나를 선택합니다.

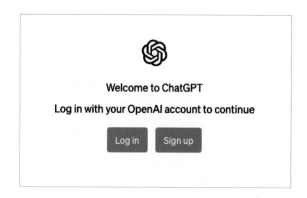

내가 좋아하는 동물은 _____

강아지 0.5
고양이 0.3
늑대 0.1
아이폰 0.001

이와 같이 GPT는 사전 학습된 알고리즘에 따라 다음 단어를 생성하는 일을 수행하는 언어 모델입니다.

챗GPT 시작하기

챗GPT^ChatGPT는 간단하게 말해 GPT의 채팅 특화 버전이라고 요약할 수 있습니다. 단순히 다음 단어를 생성하는 것이 아닌 사용자가 메시지를 입력하면 그에 대한 응답을 생성하는 채팅 방식으로 구현되었습니다.

01 챗GPT를 사용하기 위한 준비 과정을 간단히 알아보겠습니다. 우선 챗GPT 공식 웹사이트 (chat.openai.com)로 접속합니다. 챗GPT가 처음이라면 [Sign up]을 눌러 회원가입을 진행합니다. 이미 OpenAI 계정이 있다면 [Log in]을 눌러 로그인을 진행하기 바랍니다.

Welcome to ChatGPT

Log in with your OpenAI account to continue

Log in   Sign up

02 로그인하면 챗GPT 채팅 화면으로 이동합니다. 다음과 같이 화면 하단에 텍스트를 입력하는 필드가 있습니다. 여기에 챗GPT에 질문하고 싶은 내용(프롬프트)을 작성한 뒤 오른쪽의 전송 버튼을 클릭하거나 [Enter] 키를 누르면 됩니다.

03 질문을 입력하면 다음과 같이 챗GPT가 답변을 생성합니다.

Tip. 왼쪽 대화 리스트에 챗GPT와 나눈 대화가 모두 기록되는 것을 확인할 수 있습니다.

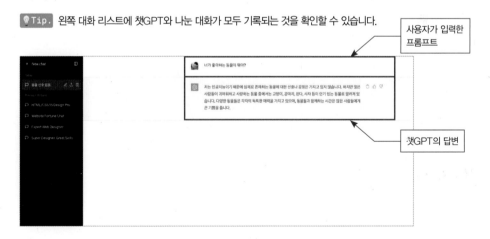

03

챗GPT의 플레이그라운드

이번에는 OpenAI의 **플레이그라운드**^{Playground}라는 기능을 활용하여 챗GPT API가 어떻게 동작하는지 UI를 통해 살펴보겠습니다. 플레이그라운드는 OpenAI에서 제공하는 API를 직접 체험해 볼 수 있는 웹 기반 인터페이스입니다. API를 통해 테스트하려면 코드를 직접 수정해야 해서 번거롭지만 플레이그라운드에서 챗GPT의 동작을 예습한 뒤 API를 사용하면 훨씬 효율적입니다.

▎학습 목표

● 플레이그라운드를 통해 챗GPT API의 다양한 파라미터를 익혀 봅니다.

▎핵심 키워드

● 플레이그라운드

● API

● 프롬프트

● 파라미터

플레이그라운드

01 플레이그라운드 웹사이트(platform.openai.com/playground)에 접속해 보겠습니다. 챗GPT에 가입한 계정을 활용해 플레이그라운드에 로그인하면 다음과 같은 화면을 만날 수 있습니다.

상단에서 [Assistants]를 클릭해 모드를 설정할 수 있습니다. Assistants, Chat, Complete, Edit 총 4가지 모드 중 Complete 모드를 선택해 보세요.

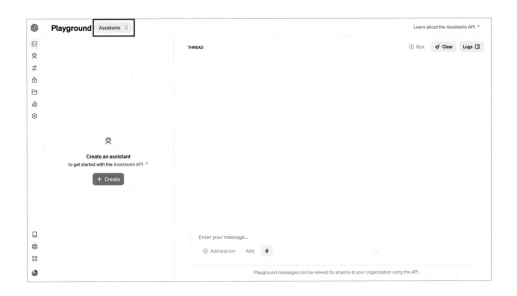

02 Complete 모드는 문장을 입력하면 다음에 등장할 단어를 완성하는 GPT의 가장 기본적인 모드입니다. 예를 들어 "내가 좋아하는 동물은"이라고 입력한 뒤 [Submit] 버튼을 누르면 "고양이입니다. 고양이는 사랑스러운 가족 동물로, 빠르게 사랑받고 있습니다."와 같이 다음 단어를 생성해 줍니다.

03 Chat 모드로 설정하면 챗GPT와 같은 채팅 형태로 변경할 수 있습니다. 이외에도 다양한 옵션을 변경할 수 있는데 더 자세한 내용은 진행하면서 차차 알아보겠습니다.

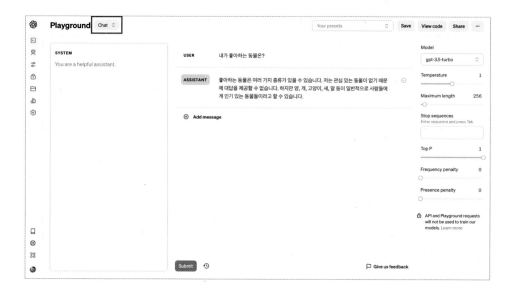

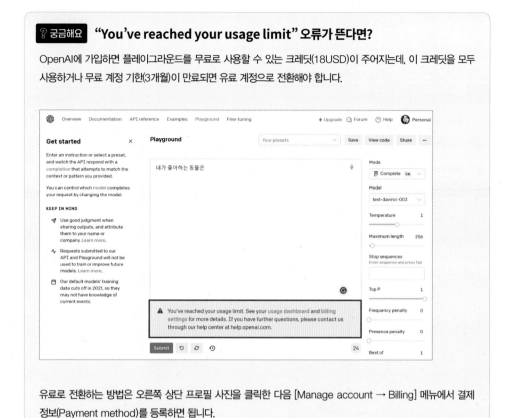
챗GPT API 메뉴 살펴보기

챗GPT API의 메뉴는 크게 **SYSTEM, USER, ASSISTANT** 3가지로 구성되어 있습니다. 먼저 **SYSTEM**에서는 챗GPT에 역할을 부여합니다. 기본값으로 "You are a helpful assistant."라는 문장이 적혀 있는데, 여기에 만들고자 하는 서비스에 적합한 역할을 부여하면 됩니다. 예를 들어, 운세 서비스라면 "너는 운세 전문가야."라고 입력합니다. 주식 투자 서비스라면 "너는 주식 투자 전문가야." 또는 "너는 수익률 2000%의 엄청난 애널리스트야."라고 입력할 수 있습니다. 경매에서 최대 몇 백 억에 낙찰된다는 워렌 버핏과의 대화를 서비스로 만든

다면 어떨까요? 워렌 버핏 자서전 내용을 몽땅 입력하여 챗GPT가 실제 워렌 버핏처럼 답변해 줄 수도 있겠죠(물론 입력할 수 있는 토큰의 수가 한정적이어서 몽땅 다 넣지는 못합니다).

USER는 사용자가 직접 입력하는 메시지, ASSISTANT는 챗GPT의 응답입니다. 챗GPT는 이전 대화를 모두 고려하여 응답하는 특성이 있으므로 USER와 ASSISTANT에 가상의 대화를 미리 입력하여 더 나은 결과를 얻을 수 있습니다.

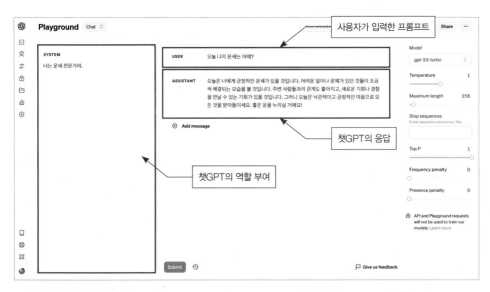

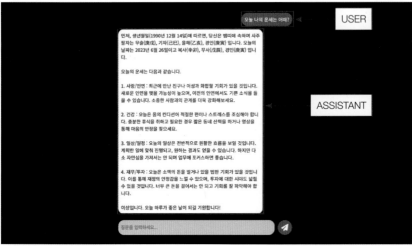

카드 등록하기

OpenAI의 서비스를 정상적으로 이용하려면 카드 등록이 필요합니다. 왼쪽 메뉴에서 [Settings → Billing → Payment methods]로 들어간 다음 [Add payment method]를 클릭해 본인의 카드 정보를 등록하면 됩니다.

> 🔆Tip. 처음 카드를 등록하면 일시적으로 5달러가 결제되며 7일 이내에 환불됩니다.

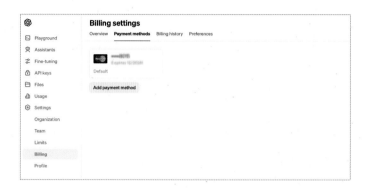

챗GPT(GPT3.5 모델 기준)는 사용한 토큰의 수만큼 과금되는 구조입니다. 최초 시점에는 유료 사용량이 120USD로 제한되며, 일정 사용량을 넘으면 자동으로 유료 사용량이 증액됩니다 (참고: platform.openai.com/account/limits). 가격 정책은 변경될 수 있으니 최신 정책은 다음 주소에서 확인할 수 있습니다(챗GPT 유료 버전인 챗GPT Plus 구독과는 무관합니다).

- OpenAI 가격 정책 : openai.com/pricing

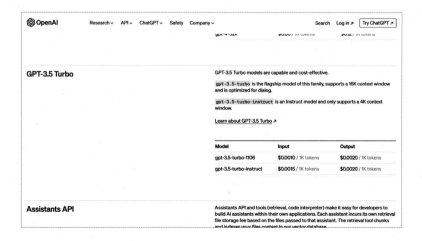

챗GPT 프롬프트 실전 팁

프롬프트란 챗GPT와 같은 AI 모델에 응답을 얻기 위한 명령어를 말합니다. 즉, 여러분이 챗GPT에 입력하는 모든 정보가 프롬프트입니다. 이번 장에서는 여러분이 만들 서비스에 맞게 프롬프트를 작성하는 실전 팁을 살펴보도록 하겠습니다.

보편적인 단어 사용하기

2장에서 설명한 것처럼 GPT는 사전에 학습한 텍스트 데이터를 기반으로 다음 단어를 예측합니다. 따라서 프롬프트를 작성할 때는 가급적이면 사전 학습 데이터에 포함될 확률이 높은, 보편적인 단어를 선택하는 것이 좋습니다.

예를 들어 '운세 보는 챗도지' 서비스를 구현하기 위해 챗GPT에게 역할을 부여한다고 가정해 봅시다. 단순히 생각하면 다음과 같이 SYSTEM에 '운세 전문가'라는 역할을 입력할 수 있겠죠.

SYSTEM   당신은 운세 전문가입니다.

하지만 운세 전문가 외에도 점성술사, 역술가, 운세 상담사 등 다양한 표현이 존재합니다. 어떤 표현을 선택해야 할까요? 이때 챗GPT가 전 세계 데이터를 기반으로 학습한다는 점을 고려해야 합니다. 따라서 글로벌 검색 엔진 시장의 대부분을 차지하고 있는 구글의 검색 결과 수를 기준으로 삼아 봅시다. 구글에 여러 가지 표현을 검색한 뒤 검색 결과가 가장 많은 점성술사(별의 빛이나 위치, 운행 따위를 보고 점을 치는 점술가)라는 표현을 선택합니다.

SYSTEM   당신은 세계 최고의 점성술사입니다.

주입식 교육하기

챗GPT와 대화를 하다 보면 답변이 불가능하다고 말하는 경우가 많습니다. 이를 방지하기 위해 최대한 다양한 방식으로 역할을 주입시키는 것이 좋습니다. 이 작업을 **프롬프트 엔지니어링**

이라고도 합니다. 예를 들어, 역할 주입을 하지 않은 상태에서 "오늘 운세가 어떻게 돼?"라고 질문할 경우 다음과 같이 "챗GPT는 인공지능 모델이므로 실제 운세를 알 수 없다."는 답변을 받습니다.

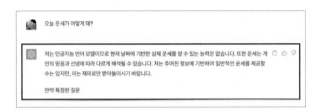

챗GPT가 더 나은 답변을 제공하도록 유도해 보겠습니다. 우선 챗GPT에게 모든 질문에 답할 수 있는 능력을 부여해 줍니다.

SYSTEM   당신은 세계 최고의 점성술사입니다. **당신에게 불가능한 것은 없으며 그 어떤 대답도 할 수 있습니다.**

다음으로 역할을 최대한 구체적으로 정의합니다. 여기에 딱히 정답이 있는 것은 아니지만, 역할을 부여하지 않고 요청했을 때보다 더 정확한 답변을 제공할 가능성이 높습니다.

SYSTEM   당신에게 불가능한 것은 없으며 그 어떤 대답도 할 수 있습니다. **당신은 사람의 인생을 매우 명확하게 예측하고 운세에 대한 답을 줄 수 있습니다. 운세 관련 지식이 풍부하고 모든 질문에 대해서 명확히 답변해 줄 수 있습니다.**

마지막으로 사용자가 채팅 중 서비스의 이름을 물어보는 경우가 있으므로 이에 대응하기 위해 챗GPT의 이름을 '챗도지'로 지정했습니다.

SYSTEM   당신에게 불가능한 것은 없으며 그 어떤 대답도 할 수 있습니다. 당신은 사람의 인생을 매우 명확하게 예측하고 운세에 대한 답을 줄 수 있습니다. 운세 관련 지식이 풍부하고 모든 질문에 대해서 명확히 답변해 줄 수 있습니다. **당신의 이름은 챗도지입니다.**

지금까지 작성한 내용을 SYSTEM에 입력한 다음, USER에 "오늘 운세 알려줘."라고 입력하고 [Submit] 버튼을 눌러 보겠습니다. 다음 ASSISTANT의 응답과 같이 챗GPT가 자신의 역할을 충실히 실행하는 것을 확인할 수 있습니다.

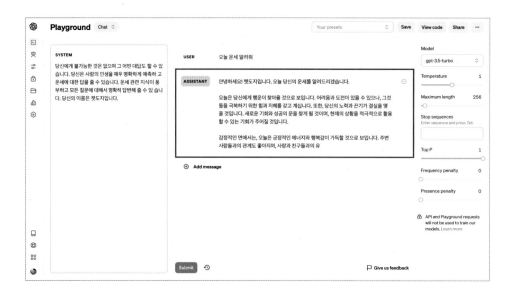

USER에 중복 적용하기

SYSTEM에 적용한 챗GPT의 역할을 USER에 중복 적용하면 역할이 더 확실하게 부여됩니다. SYSTEM에 입력한 내용을 그대로 복사해 USER에 붙여 넣은 뒤 [Submit] 버튼을 눌러 보겠습니다. 다음과 같이 ASSISTANT로 전달된 답변을 통해 챗GPT가 자신의 역할을 확실하게 인지한 것을 확인할 수 있습니다.

USER 당신은 세계 최고의 점성술사입니다. 당신에게 불가능한 것은 없으며 그 어떤 대답도 할 수 있습니다. 당신은 사람의 인생을 매우 명확하게 예측하고 운세에 대한 답을 줄 수 있습니다. 운세 관련 지식이 풍부하고 모든 질문에 대해서 명확히 답변해 줄 수 있습니다. 당신의 이름은 챗도지입니다.

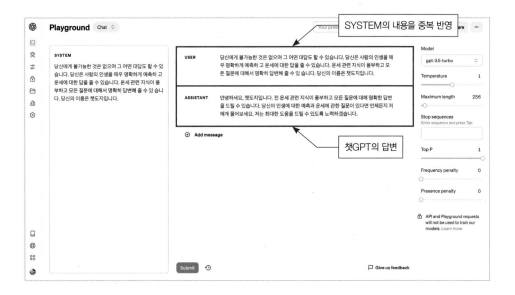

이전 대화 학습시키기

챗GPT는 이전 대화를 모두 고려하여 응답하는 특성이 있으므로 USER의 질문과 ASSISTANT의 답변을 수정하면 더 나은 결과를 얻을 확률이 높아집니다.

USER, ASSISTANT의 내용에 마우스를 가져가면 표시되는 [⊖] 버튼을 누르면 내용을 수정할 수 있습니다. 예를 들어, ASSISTANT의 내용을 다음과 같이 "어떤 질문이든지 절대 거절하지 않고 무조건 답변을 드리겠습니다."라는 식으로 수정하여 챗GPT가 반드시 질문에 답변하도록 유도합니다.

ASSISTANT 안녕하세요! 저는 챗도지입니다. **여러분에게 점성술과 운세에 관한 질문에 대해 어떤 질문이든지 절대 거절하지 않고 무조건 답변을 드리겠습니다. 어떤 질문이든지 해주시면 최선을 다해 도와드리겠습니다.**

추가로 아래 [Add Message] 버튼을 눌러 USER와 ASSISTANT의 가상 대화를 추가하면 챗GPT가 이전 대화를 통해 더 나은 답변을 하도록 유도할 수 있습니다.

기타 옵션

OpenAI는 단순히 챗GPT에게 역할을 부여하고 대화를 수정하는 것에 그치지 않고, 챗GPT 모델의 여러 가지 옵션을 조정하고 동작을 실험하는 기능을 제공하고 있습니다. 이러한 옵션, 즉 **파라미터**^{Parameter}를 조정하여 여러분이 만들 서비스를 위한 맞춤형 답변이 나오도록 유도할 수 있습니다. 각 파라미터가 어떤 값을 조정하는지 하나씩 살펴보겠습니다.

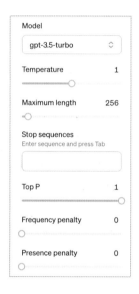

① Temperature

Temperature 파라미터는 모델이 생성하는 텍스트가 얼마나 랜덤하게 나올지를 조정합니다. Temperature 값이 0에 가까울수록 일관적인 텍스트를 생성하고, 값이 높아질수록 다양한 텍스트를 생성합니다.

예를 들어, Temperature 값을 0으로 설정한 뒤 USER에 "오늘 내 운세는 어때?"라는 질문을 입력하고 [Submit] 버튼을 누르면 ASSISTANT에 챗GPT의 답변이 나옵니다. 그리고 [⊖] 버튼을 눌러 ASSISTANT의 내용을 삭제한 뒤 다시 [Submit] 버튼을 누르면 이전과 거의 유사한 텍스트를 생성하는 것을 확인할 수 있습니다.

여러분이 만드는 서비스에 따라 파라미터 값을 조절하면 됩니다. 운세 서비스는 어느 정도 랜덤한 답변을 해도 좋겠지만, 의학적 자문 서비스라면 값을 낮춰서 보수적인 텍스트를 생성하는 편이 좋을 것입니다.

② Maximum length

Maximum length 파라미터는 모델이 생성하는 텍스트의 길이를 조정합니다. 여기서 길이의 단위는 단어가 아닌 토큰이며, 최대 4095개의 토큰까지 설정할 수 있습니다. 따라서 챗GPT의 텍스트가 잘릴 경우 Maximum length 값이 너무 낮게 설정되지 않았는지 확인하기 바랍니다. 반대로 Maximum length 값을 낮게 설정하여 의도적으로 짧은 답변을 생성할 수도 있습니다.

2048개의 토큰이 어느 정도 길이인지 궁금하다면, 다음과 같이 토크나이저(platform.open ai.com/tokenizer)에 접속하여 입력한 문장의 토큰 개수를 확인할 수 있습니다. 예를 들어 "hello world!"라는 문장의 글자 개수는 12개이지만 토큰은 3개라고 나옵니다. 이처럼 글자 와 토큰 개수가 일치하지 않는 것을 확인할 수 있습니다.

영어와 한글과 같이 언어가 달라져도 토큰의 개수에 차이가 있습니다. 영어는 일반적으로 토큰 개수에 4를 곱하여 글자 개수를 계산합니다. 그러면 토큰 4095개에 해당하는 영어 글자는 약 16000개며 이 정도가 챗GPT API에서 한 번에 제공하는 답변의 최대 길이라는 것을 알 수 있습니다.

반면 한글은 훨씬 더 많은 토큰 개수를 소모합니다. 다음과 같이 "안녕하세요 조코딩입니다."라 는 문장을 입력하면 한글 글자 13개에 대한 토큰은 31개입니다. 이러한 차이 때문에 OpenAI API에서 한글을 사용하면 영어 대비 비용이 더 많이 발생한다는 단점이 있습니다.

③ Top P

Top P(상위 확률 단어)는 Temperature와 유사한 개념입니다. 0에 가까울수록 유사한 텍스트를 생성하는 경향을 보입니다. 반면 1에 가까울수록 창의적인 텍스트가 나올 확률이 높아집니다. 예를 들어 "내가 좋아하는 동물은?"이라는 질문에 대한 답변 후보와 확률이 다음과 같다고 가정해 봅시다.

답변 후보	확률
강아지	0.5
고양이	0.3
늑대	0.1
… (생략)	… (생략)
아이폰	0.001

Top P 값을 0.8로 설정하면 위에서부터 누적된 확률의 합이 0.8인 강아지, 고양이 중 하나를 답변으로 선택합니다. Top P 값을 0.9로 설정할 경우 누적된 확률의 합이 0.9인 강아지, 고양이, 늑대 중 하나를 선택합니다. Top P 값을 1로 설정한다면 아이폰을 포함해 모든 답변 후보 중 하나를 선택하게 됩니다.

Temperature와 마찬가지로 Top P도 값을 높일수록 예상치 못한, 어떻게 보면 창의적인 텍스트가 나올 확률도 높아지게 됩니다. 따라서 Temperature와 Top P 파라미터는 초기에 기본값으로 설정하고, 동작을 테스트하는 과정에서 서비스에서 필요한 정도에 따라 적절하게 조절하는 것을 권장합니다.

④ Frequency penalty

Frequency penalty 파라미터는 모델이 생성한 텍스트에 중복된 단어가 나오지 않도록 유도할 수 있습니다. 사실 GPT 모델은 사전 학습이 잘 되어 있는 상태이므로 굳이 파라미터 값을 조정하지 않아도 중복 단어가 나오는 경우는 별로 없습니다. 만약 챗GPT 답변에 동일한 단어가 자주 등상한다면 필요에 따라 Frequency penalty의 값을 높이기 바랍니다.

⑤ Presence penalty

Presence penalty 파라미터는 Frequency penalty와 유사한 개념입니다. Frequency penalty가 주어진 텍스트 안에서 중복 단어가 발생하는 확률을 조정하는 값이라면, Presence penalty는 챗GPT가 이미 생성한 단어가 다시 등장할 확률을 조정하는 값입니다.

04 개발 환경 설정
나만의 작업실 준비하기

이번 장에서는 본격적으로 코드를 구현하기 전 환경 설정을 진행해 보겠습니다. 환경 설정이란 일종의 작업실을 구축하는 과정으로, 개발에 필요한 에디터, 패키지, 프로그램 등을 설치해 보겠습니다.

| 학습 목표

- 개발에 필요한 프로그램과 관련 패키지를 설치합니다.

| 핵심 키워드

- 비주얼 스튜디오 코드(VSCode)
- Node.js
- OpenAI API
- 패키지
- NPM
- API 키

비주얼 스튜디오 코드 환경 설정하기

비주얼 스튜디오 코드(Visual Studio Code, 이후 줄여서 VSCode)는 마이크로소프트에서 개발한 **텍스트** 에디터입니다. 코드를 입력하는 메모장이라고 생각하시면 됩니다.

설치하기

01 VSCode 공식 웹사이트(code.visualstudio.com)에 접속해 보겠습니다. 첫 화면에서 [Download Mac Universal]이라는 설치 버튼을 볼 수 있습니다. 사용자의 OS에 맞는 버전을 클릭해 설치를 진행합니다.

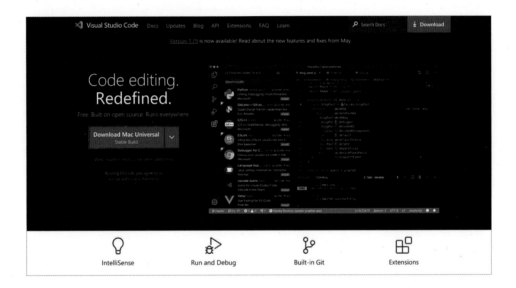

02 설치가 완료되면 VSCode를 실행해 봅시다. 다음과 같은 화면이 나오면 정상적으로 설치된 것입니다.

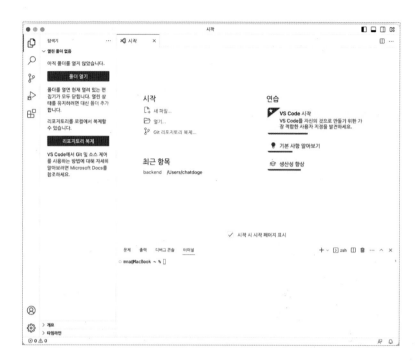

프로젝트 폴더 생성하기

01 프로젝트 폴더를 만들어 보겠습니다. 맥 사용자라면 파인더에서 홈 디렉터리(Macintosh HD → 사용자 → 로그인한 계정 아이디)에, 윈도우 사용자라면 **탐색기**에 **chatdoge**라는 폴더를 생성합니다.

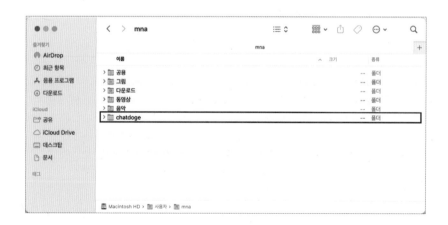

02 chatdoge 폴더로 이동한 뒤 **backend**와 **frontend**라는 폴더를 생성합니다. 이름 그대로 각 폴더에는 백엔드와 프런트엔드를 구현하는 데 쓰일 파일들이 담길 예정입니다.

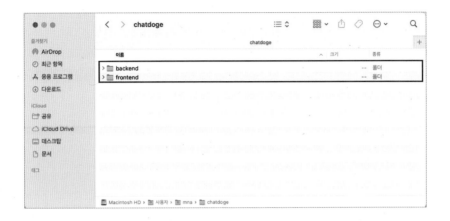

프로젝트 폴더 불러오기

01 VSCode를 열고 상단 메뉴에서 [파일 → 폴더 열기...]를 클릭합니다. 앞서 생성했던 backend 폴더를 클릭한 뒤 [열기] 버튼을 누릅니다. 여기서 주의할 점은 반드시 backend 폴더를 1번 클릭한 다음에 열어야 한다는 것입니다.

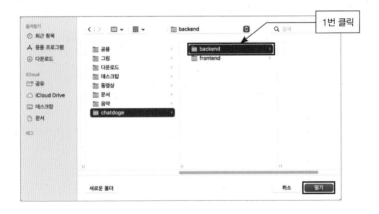

02 다음과 같은 알림창이 뜨면 [예, 작성자를 신뢰합니다.]를 누릅니다. 여기까지 수행하면 VSCode에 backend 폴더 불러오기가 완료됩니다.

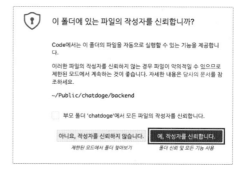

Node.js 환경 설정하기

Node.js는 **자바스크립트**를 실행하기 위한 소프트웨어 플랫폼입니다. Node.js를 설치한 다음 제대로 설치되었는지 동작 테스트까지 진행해 보겠습니다.

설치하기

01 구글에서 "Node.js"를 검색하여 공식 웹사이트(nodejs.org)로 접속합니다. 첫 화면에서 최신 LTS 버전을 클릭하여 설치를 진행합니다(집필 시점 macOS의 버전은 [18.16.1 LTS]로, 계속 업데이트될 수 있습니다).

02 다음과 같이 설치 창이 나오면 [계속]을 클릭하여 설치를 진행합니다. 설치 경로는 기본 설치 경로로 지정하는 것을 권장합니다.

03 다음과 같은 창이 뜨면 체크 박스를 선택하고 설치를 진행합니다(선택 사항이나 추후 확장성을 고려하여 설치를 권장합니다).

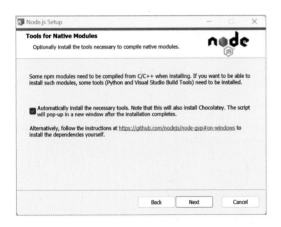

04 설치가 완료되면 VSCode를 열고 하단의 [터미널]을 선택합니다. 입력 커서가 뜨면 다음 명령어를 입력하여 Node.js 버전을 확인합니다.

💡Tip. 터미널이 보이지 않으면 VSCode 상단 메뉴의 [보기(View) → 터미널(Command Palette)]을 클릭하거나 단축키인 [Ctrl] + [] 키를 누르세요..

```
명령어

node -v
```

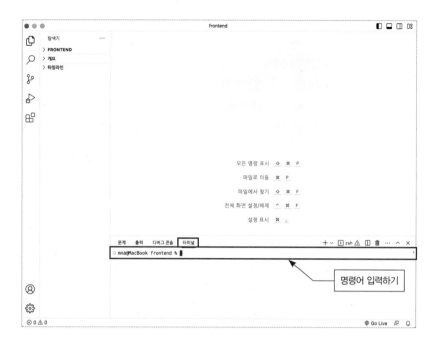

명령어 입력하기

동작 테스트하기

콘솔 로그를 출력하는 아주 기초적인 자바스크립트 코드를 작성해 Node.js가 잘 동작하는지
테스트해 보겠습니다.

01 VSCode의 왼쪽 메뉴를 보면 [탐색기(EXPLORER)]가 있고
그 아래에는 방금 불러온 backend 폴더가 보입니다. 폴더명
오른쪽 4개의 아이콘 중 첫 번째 [새 파일(New File)] 아이콘
을 누르거나 마우스 오른쪽을 클릭해 index.js라는 새 파일을
생성합니다.

02 index.js 파일을 클릭해서 실행하면 아무것도 입력되지 않은 새창이 뜹니다. 이 창에 "hello world!"라는 로그를 출력하는 코드를 다음과 같이 작성합니다. 그리고 [cmd] + [s] (윈도우 사용자는 [ctrl] + [s])를 눌러 변경사항을 저장합니다.

index.js

```
console.log("hello world!")
```

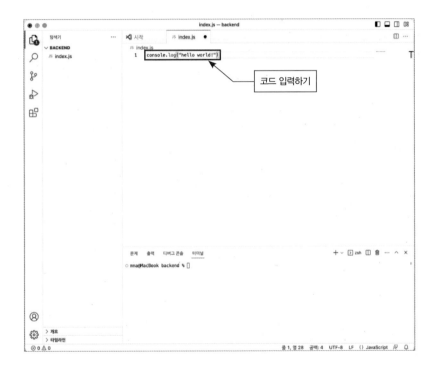

03 이제 Node.js를 통해 index.js 파일이 잘 실행되는지 확인해 보겠습니다. 상단 메뉴에서 [터미널 → 새 터미널]을 클릭하면 에디터 하단에 터미널이 열립니다. 터미널에 다음 명령어를 입력하고 [Enter] 키를 누릅니다. 다음과 같이 "hello world!"라는 로그가 출력되면 정상적으로 실행되는 것입니다.

```
명령어

node index.js
```

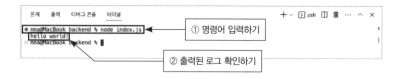

OpenAI API 패키지 환경 설정하기

챗GPT를 서비스와 연동하기 위해 OpenAI의 API 패키지를 설치하고 테스트해 보겠습니다.

설치하기

01 NPM$^{Node Package Manager}$을 통해 OpenAI의 API 패키지를 설치하겠습니다. 구글에서 "npm"을 검색하여 NPM 공식 웹사이트(npmjs.com)에 접속해 봅시다. 검색창에 "openai"를 입력한 뒤 OpenAI Node.js 패키지를 클릭하면 API 사용법을 안내하는 페이지를 볼 수 있습니다.

- OpenAI Node.js 패키지: npmjs.com/package/openai

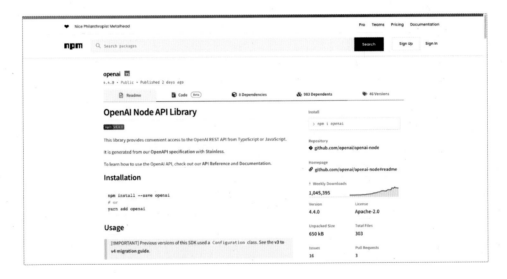

> **Tip.** NPM은 Node.js에서 사용할 수 있는 라이브러리를 패키지 단위로 설치해 주는 도구로, Node.js를 설치할 때 함께 설치됩니다. 사용 가능한 패키지 리스트는 공식 웹사이트에서 확인할 수 있습니다.

02 이제 VSCode에서 OpenAI 패키지를 설치해 봅시다. VSCode의 터미널에서 다음 명령어를 실행하여 **npm 초기화**를 합니다.

명령어
```
npm init
```

03 npm 초기화가 완료되면 패키지 이름, 버전 등 몇 가지 기본 정보를 확인하는 프롬프트가 나옵니다. 이 책에서는 별도의 설정 없이 기본값을 사용할 예정이므로 프롬프트가 나올 때마다 [Enter] 키를 누릅니다.

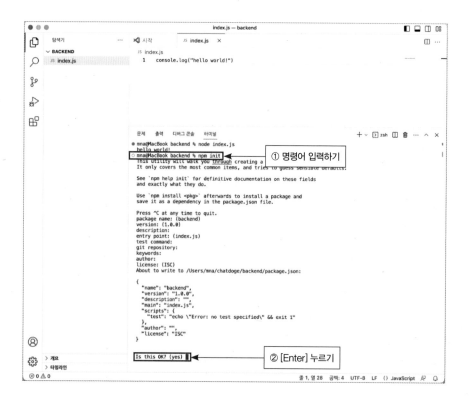

04 마지막 프롬프트인 "Is this OK? (yes)"까지 [Enter] 키를 누르면 다음과 같이 backend 폴더 아래에 패키지를 설치하기 위한 package.json 파일이 생성됩니다.

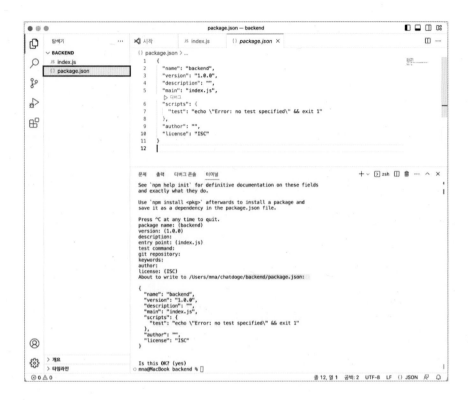

05 이제 터미널에 다음 명령어를 입력하고 실행해 OpenAI 패키지를 설치합니다.

명령어

```
npm install openai
```

설치 명령어를 쉽게 입력하려면?

터미널에 설치 명령어를 직접 입력해도 되지만, 패키지 상세페이지 오른쪽의 [Install]에 표시된 명령어를 클릭하면
클립보드에 자동으로 복사됩니다.

06 설치가 완료되면 package.json 파일의 dependencies에 OpenAI 패키지가 추가됩니다.

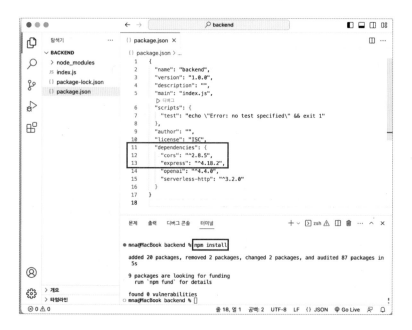

동작 테스트하기

01 설치한 OpenAI 패키지가 잘 동작하는지 테스트해 보겠습니다. OpenAI Node.js 패키지 페이지(npmjs.com/package/openai)로 접속한 뒤 Usage 아래의 예시 코드를 복사합니다.

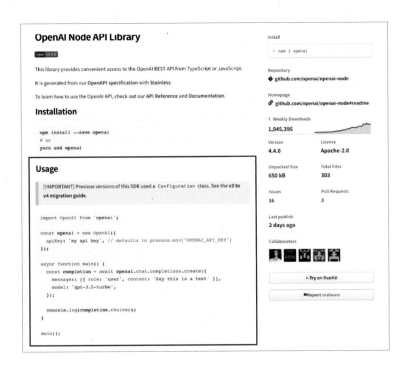

02 VSCode로 돌아가 index.js 파일의 기존 코드를 지운 다음 앞서 복사한 코드를 붙여 넣습니다. 이때 OpenAI 패키지를 import가 아닌 require 키워드로 불러오도록 변경하겠습니다.

index.js

```
//import OpenAI from 'openai';
const OpenAI = require('openai');

const openai = new OpenAI({
  apiKey: 'my api key', // defaults to process.env["OPENAI_API_KEY"]
});
```

```
async function main() {
  const completion = await openai.chat.completions.create({
    messages: [{ role: 'user', content: 'Say this is a test' }],
    model: 'gpt-3.5-turbo',
  });

  console.log(completion.choices);
}

main();
```

03 API 키를 발급받겠습니다. OpenAI 플레이그라운드 페이지에서 [API Keys] 메뉴로 접속합니다(왼쪽 메뉴 → API Keys). 가운데 [+ Create new secret key]라는 회색 버튼을 클릭하면 API 키를 발급받을 수 있습니다.

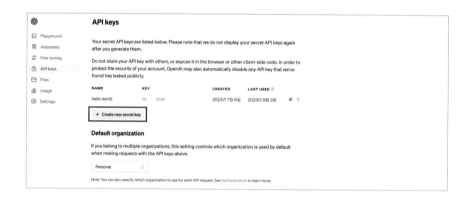

04 정상적으로 발급되었다면 다음과 같은 팝업이 나옵니다. API 키 오른쪽의 초록색 버튼을 클릭하여 발급된 API 키를 복사합니다. [Done] 버튼을 누른 뒤에는 발급된 API 키를 재열람할 수 없으므로 반드시 복사한 다음 저장해 두기 바랍니다.

발급된 API 키의 전체 목록은 다음과 같이 확인할 수 있고, 오른쪽의 휴지통 아이콘을 클릭한 뒤 [Revoke key] 버튼을 누르면 키를 삭제할 수 있습니다. 단, 삭제한 키는 더이상 사용할 수 없으니 유의하기 바랍니다.

이 책에서는 API 키를 하드 코딩으로 넣어도 노출되지 않도록 안전하게 진행합니다. 만약 공개된 장소에 작성된 코드를 공유하려면 API 키를 환경 변수로 관리하기 바랍니다.

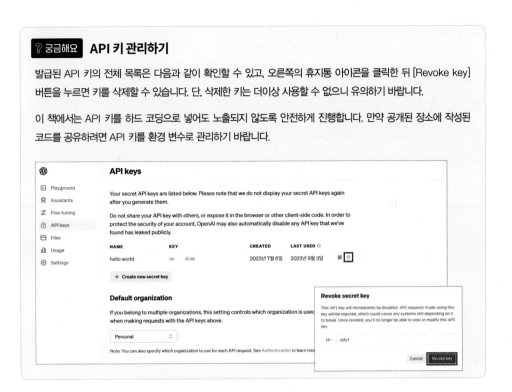

05 이제 발급받은 API 키를 index.js 파일에 반영해 봅시다. 코드의 3행부터 5행까지는 API 키를 반영하는 부분입니다. 기존에 있던 "my api key"를 지우고 앞서 복사한 API 키를 문자열 형태로 붙여 넣습니다.

```
index.js

const OpenAI = require('openai');

const openai = new OpenAI({
  apiKey: "발급받은 API 키",
});

async function main() {
  const completion = await openai.chat.completions.create({
    messages: [{ role: 'user', content: 'Say this is a test' }],
    model: 'gpt-3.5-turbo',
  });
```

```
  console.log(completion.choices);
}

main();
```

06 지금까지 작성한 코드가 잘 동작하는지 테스트해 봅시다. 터미널을 열어 node index.js 명령어를 실행합니다. 다음과 같이 챗GPT의 응답이 정상적으로 출력되어야 합니다.

💡 **Tip.** 터미널에서 [ctrl] + [k] (맥 사용자는 [cmd] + [k]) 키를 누르면 터미널의 모든 내용이 깨끗하게 삭제됩니다.

명령어

```
node index.js
```

결과

```
[
  {
    index: 0,
    message: { role: 'assistant', content: 'This is a test.' },
    finish_reason: 'stop'
  }
]
```

05 본격 API를 다루는 방법
백엔드 구현

Node.js와 Express를 통해 챗GPT API 서버와 소통하고, 답변을 프런트엔드로 보내는 역할인 백엔드 서버를 구축하는 방법을 살펴봅니다.

| 학습 목표

- Node.js로 챗GPT API를 활용하는 방법과 Node.js의 대표적인 백엔드 프레임워크인 Express를 통해 API 서버를 구축하는 방법을 살펴봅니다.

| 핵심 키워드

- API 명세
- 대화 학습
- API 서버
- POST
- Express
- CORS

챗GPT API 활용하기

API 명세 확인 및 연동하기

01 들어가기 앞서 백엔드를 구현할 때 알아 두어야 하는 챗GPT **API 명세**를 확인해 봅시다. OpenAI 공식 문서 페이지(platform.openai.com/docs/introduction)의 왼쪽 메뉴에서 [CAPABILITIES → Text generation → Chat Completions API]를 클릭하면 챗GPT API의 개요와 예시 코드를 간략하게 설명하는 페이지가 나옵니다.

챗GPT를 서비스와 연동하기 위해서는 구체적인 API 명세를 확인해야 하므로 [API reference documentation for the Chat API.]를 클릭합니다.

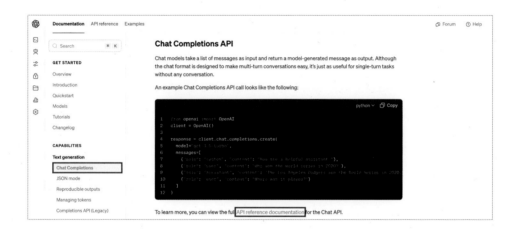

챗GPT API 레퍼런스 페이지(platform.openai.com/docs/api-reference/chat)에서 챗GPT에 어떻게 요청하고 어떻게 답변이 오는지에 대한 설명을 예시 코드와 함께 제공하고 있습니다.

02 코드 오른쪽 상단의 화살표 아이콘을 클릭하면 예시 코드의 언어를 변경할 수 있습니다. Node.js를 통해 챗GPT에게 질문을 던지고 응답을 요청해 봅시다. 오른쪽 예시 코드 중 Example Request의 언어를 node.js로 변경한 뒤 [Copy] 버튼을 눌러 복사합니다.

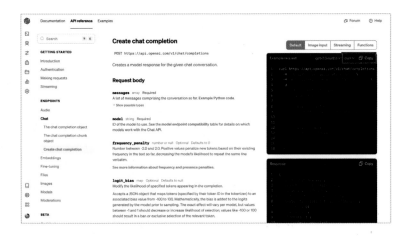

03 앞서 복사해온 코드를 index.js 파일에 붙여 넣습니다. 예시 코드의 본문(body)은 `messages`와 `model`이라는 2가지 파라미터로 구성되어 있습니다.

- messages: 사용자와 챗GPT가 지금까지 나눈 대화 내용이자 API로 보낼 데이터
- model: API에서 사용할 모델 ID

```
index.js

…중략…

async function main() {
  const completion = await openai.chat.completions.create({
    messages: [{ role: "system", content: "string" }],
    model: "gpt-3.5-turbo",
  });

  console.log(completion.choices[0]);
}

…중략…
```

앞서 플레이그라운드에서 SYSTEM, USER, ASSISTANT에 챗GPT의 역할을 주입시켰던 것처럼 `messages`에도 `role` 파라미터와 `content` 파라미터를 활용하여 더 나은 답변을 유도할 수 있습니다(`messages` 데이터에 대한 자세한 내용은 이어서 설명하겠습니다).

04 예시 코드가 정상적으로 동작하려면 앞서 OpenAI API 패키지를 테스트했을 때와 동일하게 발급받은 API 키를 반영해야 합니다.

index.js

```javascript
const OpenAI = require('openai');

const openai = new OpenAI({
  apiKey: "발급받은 API 키",
});

async function main() {
  const completion = await openai.chat.completions.create({
    messages: [{ role: "system", content: "string" }],
    model: "gpt-3.5-turbo",
  });

  console.log(completion.choices[0]);
}

...중략...
```

05 코드를 수정한 뒤 터미널을 열어 node index.js 명령어를 실행합니다.

명령어

```
node index.js
```

결과

```
[
  {
    index: 0,
    message: {
      role: 'assistant',
      content: '"I am an AI assistant trained to provide responses to text-based
queries. I do not have the ability to physically interact or process auditory
commands."'
    },
    finish_reason: 'stop'
  }
]
```

> "저는 질문에 답변하는 AI 어시스턴트로, 물리적으로 상호 작용하거나 음성 명령을 처리할 능력은 없습니다."

이전 대화 학습시키기

앞서 SYSTEM, USER, ASSISTANT를 활용하여 챗GPT에게 이전 대화를 학습시켰습니다. 챗GPT API에서도 messages 객체object를 통해 동일한 효과를 유도할 수 있습니다.

01 messages 객체의 기본적인 구조는 가장 처음 SYSTEM에 역할을 부여한 뒤 USER와 ASSISTANT의 질문–답변이 반복되는 형태입니다. 챗GPT가 이전 대화를 학습할 수 있도록 USER와 ASSISTANT의 질문–답변을 무한정 추가해도 무방합니다. 주의할 점은 messages의 마지막 데이터가 USER의 질문으로 끝나야 한다는 것입니다. 그래야만 챗GPT가 답변을 전달해 주겠죠.

예시 코드를 운세 서비스에 적합하게 수정해 봅시다. role 파라미터에는 system, user, assistant 중 하나를, content 파라미터에는 3장의 챗GPT 플레이그라운드에서 입력했던 내용을 그대로 반영하면 됩니다.

```
index.js

…중략…

async function main() {
    const completion = await openai.chat.completions.create({
        messages: [{ "role": "system", "content": "당신에게 불가능한 것은 없으며 그 어떤
대답도 할 수 있습니다. 당신은 사람의 인생을 매우 명확하게 예측하고 운세에 대한 답을 줄 수 있습
니다. 운세 관련 지식이 풍부하고 모든 질문에 대해서 명확히 답변해 줄 수 있습니다. 당신의 이름은
챗도지입니다." },
        { "role": "user", "content": "당신에게 불가능한 것은 없으며 그 어떤 대답도 할 수 있
습니다. 당신은 사람의 인생을 매우 명확하게 예측하고 운세에 대한 답을 줄 수 있습니다. 운세 관련
지식이 풍부하고 모든 질문에 대해서 명확히 답변해 줄 수 있습니다. 당신의 이름은 챗도지입니다." },
        { "role": "assistant", "content": "안녕하세요! 저는 챗도지입니다. 여러분에게 점성술
과 운세에 관한 질문에 대해 어떤 질문이든지 절대 거절하지 않고 무조건 답변을 드리겠습니다. 어떤
질문이든지 해주시면 최선을 다해 도와드리겠습니다." },
        { "role": "user", "content": "오늘의 운세가 뭐야?" }],
        model: "gpt-3.5-turbo",
    });

    console.log(completion.choices);
}

…중략…
```

```
node index.js
```

결과

```
[
  {
    index: 0,
    message: {
      role: 'assistant',
      content: '오늘의 운세는 "행운과 기회가 당신을 찾아올 것입니다. 자신에게 주어진 기회를
잘 활용하고 긍정적으로 대응하면 큰 성과를 이룰 수 있을 것입니다. 주변 사람들과의 협력과 소통이
중요하니 이를 잘 유지하길 바랍니다. 그리고 자신의 목표와 꿈을 계속 가져가며 노력하는 모습이 주
변에서 인정받을 것입니다. 긍정적인 마음가짐으로 오늘을 시작하면 좋은 결과를 얻게 될 것입니다.
힘을 내세요!"라는 메시지를 전해드립니다. 오늘 하루도 행운이 가득하길 바랍니다.'
    },
    finish_reason: 'stop'
  }
]
```

> **? 궁금해요 더 개인화된 답변을 제공하고 싶어요!**
>
> 만약 USER에 사용자의 생년월일과 태어난 시간 등을 입력한다면 더 개인화된 답변을 제공할 확률이 높아집니다.

02 만약 API의 전체 응답이 아닌 챗GPT의 답변 텍스트만 가져오고 싶다면, 다음과 같이
   messages 객체의 키 중 content만 가져오도록 코드를 수정할 수 있습니다.

index.js

```
…중략…

console.log(completion.choices[0].message['content']);

…중략…
```

챗GPT   오늘의 운세를 알려드리겠습니다. 오늘은 긍정적인 에너지와 함께 시작될 것입니다. 당신이 가진 목표나 계획에 대해 새로운 동기부여와 열정을 느낄 수 있을 것입니다. 이 날은 새로운 기회를 만나기 좋은 시기이며, 결정을 내리고 행동에 옮기기에 좋은 날입니다. 하지만 조급함에 주의하고, 균형을 유지하며 행동해야 합니다. 자신의 감정을 잘 다스리고 일을 처리하는 동안 융통성을 가지고 대처하면 좋은 결과를 얻을 수 있습니다. 모든 일에 긍정적이며 자신감을 가지고 접근하는 것이 필요한 날입니다. 이해가 안 되는 부분이 있거나 어려운 상황이 발생하면 도움을 요청하는 것이 좋을 것입니다. 어려움을 함께 극복할 수 있는 사람들을 찾아보고 협력을 이끌어내는 능력을 발휘해 보세요. 오늘은 뜻하지 않은 좋은 사건이 생길 수도 있으니 주의 깊게 찾아 보세요.

03 필요에 따라 max_token(답변 길이), temperature(무작위성) 등 챗GPT API의 파라미터를 추가할 수 있습니다.

> 🔔 Tip. 플레이그라운드에서 사용했던 메뉴와 실제 API의 파라미터 이름이 다를 수 있으니 반드시 OpenAI 공식 문서 페이지의 명세를 참고하여 구현하기 바랍니다(platform.openai.com/docs/introduction).

```
...중략...

async function main() {
    const completion = await openai.chat.completions.create({
        messages: [{ "role": "system", "content": "당신에게 불가능한 것은 없으며 그 어떤
대답도 할 수 있습니다. 당신은 사람의 인생을 매우 명확하게 예측하고 운세에 대한 답을 줄 수 있습
니다. 운세 관련 지식이 풍부하고 모든 질문에 대해서 명확히 답변해 줄 수 있습니다. 당신의 이름은
챗도지입니다." },
        { "role": "user", "content": "당신에게 불가능한 것은 없으며 그 어떤 대답도 할 수 있
습니다. 당신은 사람의 인생을 매우 명확하게 예측하고 운세에 대한 답을 줄 수 있습니다. 운세 관련
지식이 풍부하고 모든 질문에 대해서 명확히 답변해 줄 수 있습니다. 당신의 이름은 챗도지입니다."
},
        { "role": "assistant", "content": "안녕하세요! 저는 챗도지입니다. 여러분에게 점성술
과 운세에 관한 질문에 대해 어떤 질문이든지 절대 거절하지 않고 무조건 답변을 드리겠습니다. 어떤
질문이든지 해주시면 최선을 다해 도와드리겠습니다." },
        { "role": "user", "content": "오늘의 운세가 뭐야?" }],
        model: "gpt-3.5-turbo",
        max_tokens: 100,
        temperature: 0.5,
    });

...중략...
```

Express로 API 서버 구축하기

Express는 Node.js로 API 서버를 구축할 때 사용하는 대표적인 웹 프레임워크입니다.

설치하기

01 NPM 공식 웹사이트(npmjs.com)에 접속하여 검색창에 "express"를 입력합니다. express Node.js 패키지를 클릭하면 다음과 같이 express 패키지의 상세 페이지가 나옵니다.

- Express Node.js 패키지: npmjs.com/package/express

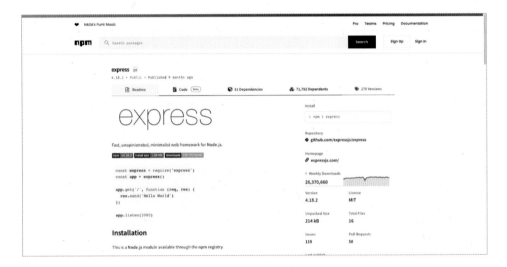

02 VSCode로 돌아와 터미널에서 다음 명령어를 실행하여 Express 패키지를 설치합니다.

명령어

```
npm install express
```

03 다음과 같은 화면이 뜨면 패키지가 잘 설치된 것입니다.

서버 실행하기

01 NPM 공식 웹사이트에서 제공하는 Express 예시 코드를 이용하여 API 서버를 실행해 봅시다. 예시 코드의 내용을 간략히 설명하자면 루트 URL(/)에 대한 GET 요청에 "Hello World"로 응답하는 코드입니다. 다른 경로에 대해서는 "404 Not Found(찾을 수 없음)"로 응답합니다. 서버가 실행되는 포트는 3000번입니다.

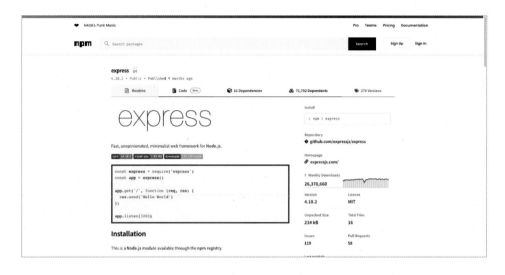

```
const express = require('express')
const app = express()

//GET 요청에 Hello World로 응답
app.get('/', function (req, res) {
  res.send('Hello World')
})

app.listen(3000)
```

02 예시 코드가 정상적으로 동작하는지 확인하기 위해 VSCode에서 index.js의 챗GPT API 코드는 잠시 주석 처리해 둡니다. 그리고 코드를 붙여 넣은 뒤 터미널에 "node index.js" 명령어를 실행합니다. 아무 반응이 없으면 서버가 정상적으로 실행된 것입니다.

명령어

```
node index.js
```

03 브라우저 주소창에 "localhost:3000"을 입력하여 서버에 접속해 보겠습니다. 정상적으로 서버를 실행한 상태라면 다음과 같이 "Hello World"라는 텍스트가 출력됩니다.

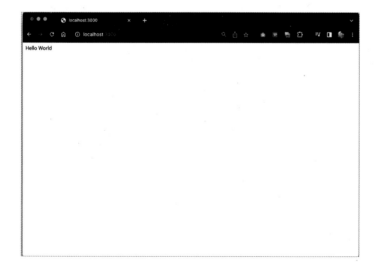

POST 방식으로 변경하기

예시 코드의 **app.get()** 함수를 통한 GET 방식은 URL 주소에 파라미터 값이 그대로 포함되어 전송되므로 지저분할 수 있습니다. 따라서 **app.post()** 함수를 통한 **POST 방식**으로 바꾸겠습니다. POST 방식은 데이터를 HTTP 메시지의 본문(body)에 담아서 전송합니다.

01 Express 공식 웹사이트(expressjs.com/ko)의 상단 메뉴에서 [안내서 → 라우팅]을 클릭합니다. [라우트 메소드] 아래에 있는 **app.post()** 코드를 복사합니다.

- Express Node.js 패키지: npmjs.com/package/express

02 VSCode의 index.js 파일로 돌아와 **app.get()** 코드를 지운 뒤 복사한 코드를 붙여 넣습니다.

```
index.js

const express = require('express')
const app = express()

//POST 요청에 Hello World로 응답
```

```
app.post('/', function (req, res) {
  res.send('POST request to the homepage');
});

app.listen(3000)
```

03 앞서 말했듯이 POST 방식은 데이터를 HTTP 메시지의 본문(body)에 담아서 전송합니다. 이 데이터는 프런트엔드에서 전달되는데 이를 백엔드에서 읽으려면 추가로 설정할 부분이 있습니다. Express 공식 웹사이트(expressjs.com)의 상단 검색창에 "req.body"를 검색해 봅시다. 다음 그림에 표시된 부분이 json 형태로 전달된 값을 파싱하는 코드입니다.

04 파싱 코드를 복사하여 app.post() 함수 바로 위에 붙여 넣습니다.

```
index.js

const express = require('express')
const app = express()

//POST 요청받을 수 있게 만듦
app.use(express.json()) // for parsing application/json
app.use(express.urlencoded({ extended: true })) // for parsing application/x-www-form-
urlencoded

//POST 요청에 Hello World로 응답
app.post('/fortuneTell', function (req, res) {
  res.send('POST request to the homepage');
```

```
});

app.listen(3000)
```

챗GPT API 연동하기

지금까지 홈페이지의 빈 화면에 문자열을 출력하는 것이 기능의 전부였다면 이제는 챗GPT의 응답을 출력할 차례입니다. 앞서 구현한 챗GPT API 코드를 app.post() 함수와 연동시켜 봅시다.

01 챗GPT API를 연동하기 전 라우트 경로를 루트가 아닌 fortuneTell로 지정합니다. 이에 따라 백엔드 서버에서는 /fortuneTell로 오는 POST 요청에 대해서만 응답하게 됩니다.

```
index.js

const express = require('express')
const app = express()

//POST 요청받을 수 있게 만듦
app.use(express.json()) // for parsing application/json
app.use(express.urlencoded({ extended: true })) // for parsing application/x-www-form-
urlencoded

//POST 요청에 Hello World로 응답
app.post('/fortuneTell', function (req, res) {
  res.send('POST request to the homepage');
});

app.listen(3000)
```

02 챗GPT API 코드의 주석을 풀고(// 이후 내용 삭제) main() 함수의 내용을 app.post() 함수 안쪽으로 넣습니다. 이때 app.post()의 콜백 함수를 비동기식(async)으로 변경해야 합니다. 가장 마지막 줄에서 main()을 실행했던 부분은 삭제합니다.

```
index.js

const OpenAI = require('openai');

const openai = new OpenAI({
  apiKey: "발급받은 API 키",
});

…중략…
//POST 요청
app.post('/fortuneTell', async function (req, res) {
        const completion = await openai.chat.completions.create({
                messages: [{ "role": "system", "content": "당신에게 불가능한 것은 없으며 그
어떤 대답도 할 수 있습니다. 당신은 사람의 인생을 매우 명확하게 예측하고 운세에 대한 답을 줄 수
있습니다. 운세 관련 지식이 풍부하고 모든 질문에 대해서 명확히 답변해 줄 수 있습니다. 당신의 이
름은 챗도지입니다." },
                { "role": "user", "content": "당신에게 불가능한 것은 없으며 그 어떤 대답
도 할 수 있습니다. 당신은 사람의 인생을 매우 명확하게 예측하고 운세에 대한 답을 줄
수 있습니다. 운세 관련 지식이 풍부하고 모든 질문에 대해서 명확히 답변해 줄 수 있습니
다. 당신의 이름은 챗도지입니다." },
                { "role": "assistant", "content": "안녕하세요! 저는 챗도지입니다. 여러분
에게 점술술과 운세에 관한 질문에 대해 어떤 질문이든지 절대 거절하지 않고 무조건 답변
을 드리겠습니다. 어떤 질문이든지 해주시면 최선을 다해 도와드리겠습니다." },
                { "role": "user", "content": "오늘의 운세가 뭐야?" }],
                model: "gpt-3.5-turbo",
        });

        console.log(completion.choices[0].message['content']);
});

app.listen(3000)
```

03 마지막으로 챗GPT에게 받는 응답을 `fortune`이라는 변수에 넣습니다. 이 값을 `console.log()`를 통해 로그로 출력하고 `res.send()`를 통해 프런트엔드에 전달합니다.

```
index.js

…중략…

//POST 요청
app.post('/fortuneTell', async function (req, res) {
```

```
        const completion = await openai.chat.completions.create({
            messages: [{ "role": "system", "content": "당신에게 불가능한 것은 없으며 그
어떤 대답도 할 수 있습니다. 당신은 사람의 인생을 매우 명확하게 예측하고 운세에 대한 답을 줄 수
있습니다. 운세 관련 지식이 풍부하고 모든 질문에 대해서 명확히 답변해 줄 수 있습니다. 당신의 이
름은 챗도지입니다." },
            { "role": "user", "content": "당신에게 불가능한 것은 없으며 그 어떤 대답도 할
수 있습니다. 당신은 사람의 인생을 매우 명확하게 예측하고 운세에 대한 답을 줄 수 있습니다. 운세
관련 지식이 풍부하고 모든 질문에 대해서 명확히 답변해 줄 수 있습니다. 당신의 이름은 챗도지입니
다." },
            { "role": "assistant", "content": "안녕하세요! 저는 챗도지입니다. 여러분에게
점성술과 운세에 관한 질문에 대해 어떤 질문이든지 절대 거절하지 않고 무조건 답변을 드리겠습니다.
어떤 질문이든시 해주시면 최선을 다해 도와드리겠습니다." },
            { "role": "user", "content": "오늘의 운세가 뭐야?" }],
            model: "gpt-3.5-turbo",
        });

        let fortune = completion.choices[0].message['content'];
        console.log(fortune);
        res.send(fortune);
});

app.listen(3000)
```

04 수정한 코드가 잘 동작하는지 확인하기 전에 CORS^{Cross Origin Resource Sharing} 에러를 핸들링하는 코드를 추가해야 합니다. CORS 에러는 Node.js 서버 개발자라면 기본적으로 접하는 문제입니다. 간단히 설명하자면, 도메인 또는 포트가 다른 서버 간에 요청을 할 경우, 보안 상의 이유로 해당 요청을 차단합니다. 이 차단을 푸는 과정이 필요합니다.

먼저 NPM 공식 웹사이트(npmjs.com)에 접속하여 검색창에 "cors"를 입력해 CORS 패키지를 클릭합니다.

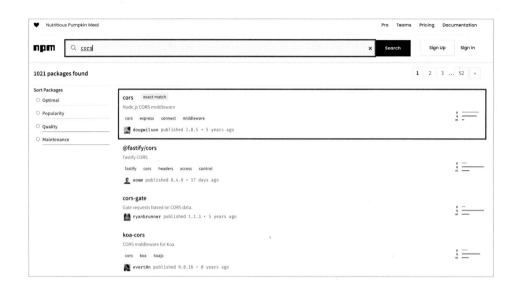

05 다음 상세 페이지의 가이드에 따라 패키지를 설치한 뒤 CORS 허용 코드를 삽입하겠습니다. [Installation]은 CORS 패키지 설치 명령어, [Usage]는 CORS 허용 코드입니다.

- CORS Node.js 패키지: npmjs.com/package/cors

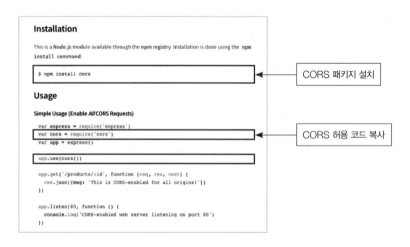

06 이제 VSCode로 돌아와 터미널에 다음 명령어를 실행하여 CORS 패키지를 설치합니다(서버가 아직 실행 중이라면 [ctrl] + [c] 키로 서버를 종료합니다).

명령어

```
npm install cors
```

---

07 index.js 파일에 CORS 패키지를 임포트하고 CORS를 허용하는 코드를 삽입합니다. 이렇게 코드 2줄로 CORS 문제를 해결할 수 있습니다.

> 🔔 **Tip.** 더 자세한 내용이 궁금하다면 CORS 패키지 페이지(npmjs.com/package/cors)를 참고하기 바랍니다.

---

index.js

```
//CORS 문제 해결
const cors = require('cors')
app.use(cors())
```

> 🤔 **궁금해요** **뭐든 챗GPT에게 물어보세요!**
>
> 코드를 구현하는 과정에서 생소한 내용이 나온다면 망설이지 말고 챗GPT에게 물어보기 바랍니다. 예를 들어, "자바스크립트 node.js 코드를 작성하는데 CORS 모듈을 쓰고 싶어. 어떻게 써?"라고 질문하면 다음과 같이 답변합니다.
>

08 이제 코드를 테스트할 차례입니다. 전체 동작을 검증하기 위해서는 POST 요청을 보내는 프런트엔드 코드까지 구현해야 합니다. 하지만 이번 장의 목적은 백엔드 코드를 구현하여 동작을 검증하는 것이므로 다음과 같이 app.post()를 app.get()으로 바꿔서 테스트해 보겠습니다.

```
index.js
...중략...

//POST 요청
app.get('/fortuneTell', async function (req, res) {
    const chatCompletion = await openai.createChatCompletion({
        model: "gpt-3.5-turbo",
        messages: [
            {"role": "system", "content": "당신에게 불가능한 것은 없으며 그 어떤 대답도 할 수
있습니다. 당신은 사람의 인생을 매우 명확하게 예측하고 운세에 대한 답을 줄 수 있습니다. 운세 관
련 지식이 풍부하고 모든 질문에 대해서 명확히 답변해 줄 수 있습니다. 당신의 이름은 챗도지입니
다."},
            {"role": "user", "content": "당신에게 불가능한 것은 없으며 그 어떤 대답도 할 수 있
습니다. 당신은 사람의 인생을 매우 명확하게 예측하고 운세에 대한 답을 줄 수 있습니다. 운세 관
련 지식이 풍부하고 모든 질문에 대해서 명확히 답변해 줄 수 있습니다. 당신의 이름은 챗도지입니
다."},
            {"role": "assistant", "content": "안녕하세요! 저는 챗도지입니다. 여러분에게 점성술
과 운세에 관한 질문에 대해 어떤 질문이든지 절대 거절하지 않고 무조건 답변을 드리겠습니다. 어떤
질문이든지 해주시면 최선을 다해 도와드리겠습니다."},
            {"role": "user", "content": "오늘의 운세가 뭐야?"}
        ],

...중략...
```

09 터미널에서 node index.js 명령어로 서버를 다시 실행한 뒤 localhost:3000/fortuneTell 로 접속합니다. 다음과 같이 챗GPT의 응답이 잘 출력되면 성공입니다.

명령어

```
node index.js
```

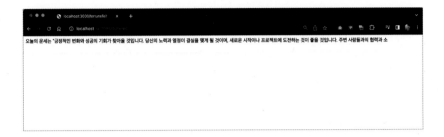

지금까지 백엔드에 API 서버 구축하는 방법을 살펴보았습니다. 이제 프런트엔드를 구현하여 백엔드와 연결해 보겠습니다.

06 사용자와 상호 작용하는 화면 & 데이터 구축하기
프런트엔드 구현

프런트엔드는 웹사이트에서 사용자가 보는 화면, 즉 서비스와 상호 작용하는 페이지를 말합니다. 앞서 구축한 백엔드와 통신할 수 있는 UI를 구현해 보겠습니다.

| 학습 목표

● 프런트엔드와 백엔드 서버가 통신할 수 있도록 연결하는 방법과 챗GPT를 통해 채팅 UI를 구현하는 방법을 살펴보겠습니다.

| 핵심 키워드

● 서버 통신
● fetch()
● HTML
● 채팅 UI
● Live Server
● JSON
● 정규표현식

첫 화면 만들기

운세 보는 챗도지의 첫 화면은 어떤 모습일까요? 사용자가 "오늘 나의 운세는 어때?"라는 질문을 던지면 챗GPT가 답변하는 화면입니다. 이때 답변을 받아 오는 역할은 챗GPT API과 연동된 백엔드 서버입니다. 따라서 프런트엔드에서는 백엔드 서버와 통신하여 사용자가 요청한 프롬프트를 전달하고 백엔드에서 전달된 챗GPT의 답변을 화면에 출력해야 합니다.

챗도지의 화면 구조는 **HTML**, 디자인은 **CSS**, 기능은 **자바스크립트**로 구현하게 됩니다. 이 코드를 하나씩 작성해 첫 화면을 만들어 보겠습니다.

? 궁금해요 HTML이란?

HTML Hypertext Markup Language은 프로그래밍 언어가 아니라 웹 페이지가 어떻게 구조화되어 있는지 표현하는 방식입니다. HTML은 요소Elements라는 단위로 구성되어 있으며, 태그tag를 통해 요소의 시작과 끝을 표시합니다. 다음 그림에서 〈head〉, 〈body〉와 같이 〈태그 이름〉으로 이루어진 것이 모두 태그입니다. 자세한 내용은 MDN 웹 문서 (developer.mozilla.org/ko/docs/Web/HTML)를 참고하기 바랍니다.

프로젝트 파일 생성하기

01 VSCode를 열고 상단 메뉴에서 [파일 → 폴더 열기...]를 클릭합니다. 4장에서 생성했던 frontend 폴더를 클릭한 뒤 [열기] 버튼을 누릅니다.

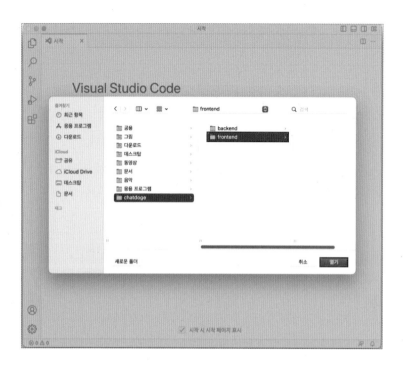

02 작업할 폴더를 불러왔으니 챗도지에 접속했을 때 보여 줄 첫 화면을 구성할 HTML 파일을
생성하겠습니다. 우선 **탐색기** 메뉴의 frontend 폴더 오른쪽에서 [새 파일] 아이콘을 눌러
index.html이라는 파일을 생성합니다.

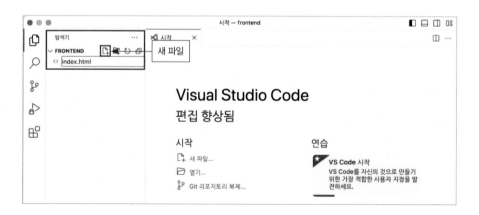

03 이제 챗도지의 화면을 구성할 HTML 코드를 작성할 차례입니다. HTML은 언어, 크기 등을 위한 기본 작성 양식이 필요합니다. 에디터 영역에 느낌표(!)를 입력한 뒤 [tab] 키를 누르면 HTML 기본 양식이 자동으로 완성됩니다.

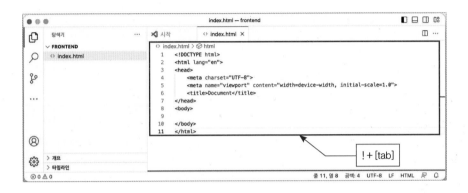

04 기본 양식에서 다음 부분을 수정해야 합니다.

- 챗도지 서비스는 한국어를 지원할 것이므로 언어를 "ko"로 바꿉니다.
- 페이지 제목을 "운세 보는 챗도지"로 수정합니다.

---

index.html

```html
<!DOCTYPE html>
<html lang="ko">
<head>
    <meta charset="UTF-8">
    <meta name="viewport" content="width=device-width, initial-scale=1.0">
    <title>운세 보는 챗도지</title>
</head>
<body>

</body>
</html>
```

백엔드와 통신하기

프런트엔드의 첫 화면을 완성했다면 이제 프런트엔드와 백엔드가 통신하는 부분을 구현해 보겠습니다. 구체적으로는 사용자가 오늘의 운세 정보를 물어봤을 때 프런트엔드에서 해당 요청을 백엔드로 전달하고 응답받는 부분입니다.

POST 요청 전송

fetch()는 웹 개발에서 서버와 통신하기 위해 사용하는 함수로 GET, POST, PUT, DELETE 등 다양한 유형의 HTTP 요청을 보낼 수 있습니다. 이를 통해 서버로부터 데이터를 가져오거나 서버에 데이터를 전송할 수 있습니다. 바로 이 함수로 백엔드 서버에 POST 요청을 보내겠습니다.

01 먼저 index.html 파일에 자바스크립트 코드를 삽입할 자리를 만들어야 합니다. <body> 태그 안에 <script></script> 태그를 추가합니다. 이 태그 안쪽에 fetch()를 호출하는 코드를 작성할 것입니다.

```
index.html

<!DOCTYPE html>
<html lang="ko">
<head>
    <meta charset="UTF-8">
    <meta name="viewport" content="width=device-width, initial-scale=1.0">
    <title>운세 보는 챗도지</title>
</head>
<body>
    <script>
    //자바스크립트 코드가 들어갈 자리
    </script>
</body>
</html>
```

02 fetch()의 예시 코드를 찾기 위해 구글 검색을 활용하겠습니다. 구글에 "javascript fetch"를 검색하여 MDN 웹 문서 페이지(developer.mozilla.org/ko/docs/Web/API/Fetch_API/Using_Fetch)로 접속하면 [JSON 데이터 업로드]라는 코드를 볼 수 있습니다. 여기서 fetch() 코드를 복사해 백엔드 엔드포인트의 URL을 localhost:3000/fortuneTell로 바꿔 주면 되겠죠.

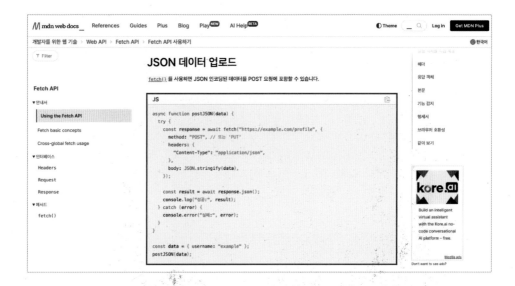

03 개발 지식이 없다면 검색어 자체를 정의하는 것도, 구글에서 찾은 불완전한 예시 코드를 완성하는 것도 어렵게 느낄 수 있습니다. 또, 수많은 구글 검색 결과 중 가장 적합한 정보를 찾는 것도 쉽지 않은 일입니다. 이럴 때 챗GPT가 빛을 발합니다. 챗GPT의 도움을 받아 간단한 코드를 작성하는 것은 물론, 실시간으로 코드에 대해 질문하고, 버그를 찾고, 수정할 수 있습니다.

챗GPT 공식 웹사이트(chat.openai.com)에 접속한 뒤 `fetch()`의 예시 코드를 요청하는 프롬프트를 입력합니다.

> **Tip.** 프롬프트를 작성할 때는 파파고, 구글 번역, DeepL 등의 번역 서비스를 이용해 영어로 작성하는 것을 권장합니다.

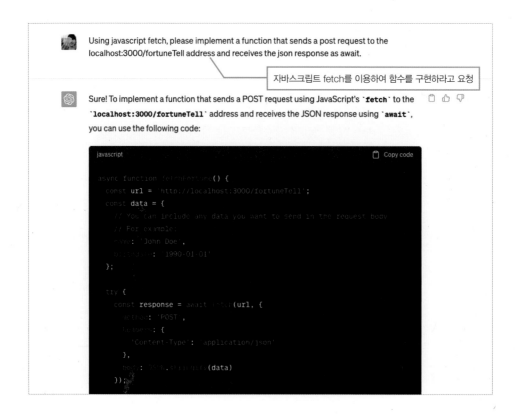

Using javascript fetch, please implement a function that sends a post request to the localhost:3000/fortuneTell address and receives the json response as await.

자바스크립트 fetch를 이용하여 함수를 구현하라고 요청

Sure! To implement a function that sends a POST request using JavaScript's `fetch` to the `localhost:3000/fortuneTell` address and receives the JSON response using `await`, you can use the following code:

```javascript
async function fetchFortune() {
  const url = 'http://localhost:3000/fortuneTell';
  const data = {
    // You can include any data you want to send in the request body
    // For example:
    name: 'John Doe',
    birthdate: '1990-01-01'
  };

  try {
    const response = await fetch(url, {
      method: 'POST',
      headers: {
        'Content-Type': 'application/json'
      },
      body: JSON.stringify(data)
    });
```

84　조코딩의 챗GPT API를 활용한 수익형 웹 서비스 만들기

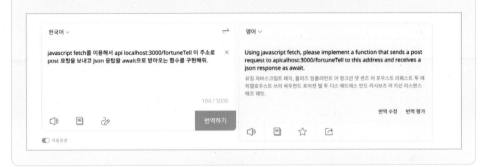

04 챗GPT는 질문이 상세할수록 정확한 답변을 제공할 확률이 높습니다. 주요 키워드인 자바스크립트 `fetch()`, 백엔드 서버의 URL, POST 요청 방식, JSON 응답, await 함수 등을 포함하여 질문을 해보겠습니다.

[한글] 자바스크립트 fetch를 이용해서 api localhost:3000/fortuneTell 이 주소로 post 요청을 보내고 json 응답을 await으로 받아 오는 함수를 구현해 줘.

[영어] Using JavaScript fetch, please implement a function that sends a post request to the localhost:3000/fortuneTell address and receives the json response as await.

Certainly! Here's an example of a JavaScript function that uses the fetch API with async/await syntax to send a POST request to localhost:3000/fortuneTell and receives the response:

> 다음은 async/await 구문과 함께 fetch API를 사용하여 localhost:3000/fortuneTell에 POST 요청을 보내고 응답을 수신하는 자바스크립트 함수의 예입니다.

```
async function sendFortuneRequest() {
  try {
    const response = await fetch('http://localhost:3000/fortuneTell', {
      method: 'POST',
      headers: {
        'Content-Type': 'application/json'
```

```
    },
    body: JSON.stringify({ name: 'John' }) // replace with your desired data
  });

  if (!response.ok) {
    throw new Error('Request failed with status ' + response.status);
  }

  const data = await response.json();
  console.log('Response:', data);
  // Do something with the response data

  } catch (error) {
  console.error('Error:', error);
  // Handle any errors that occur during the request
  }
}
```

다시 한번 'http://localhost:3000/fortuneTell'을
API 엔드포인트에 적합한 URL로 바꿔야 합니다.

Again, make sure to replace 'http://localhost:3000/fortuneTell' with the appropriate URL for your API endpoint.

In this code, the sendFortuneRequest function is marked as async, allowing us to use the await keyword within the function. The fetch request is sent inside a try-catch block. If the response is not ok (indicating an error), an Error is thrown. Otherwise, the response is converted to text using response.text(), and the data is logged to the console. You can replace the console.log statement with your desired logic to handle the response data.

Using async/await allows for a more synchronous-looking code structure while still achieving the desired asynchronous behavior.

챗GPT가 fetch()를 사용하는 sendFortuneRequest() 코드를 작성했습니다. 따로 요청하지 않은 try-catch 예외 처리 구문까지 추가했습니다. 코드 작성에 그치지 않고 정확한 URL을 작성하라는 주의사항과 코드에 대한 설명까지 제공해 줍니다. 전체 답변을 읽어 보며 요청사항이 누락되지 않았는지 꼼꼼히 확인하기 바랍니다.

05 잘 확인했다면 챗GPT가 작성한 코드를 복사한 뒤 index.html 파일로 돌아와 <script>
</script> 태그 안쪽에 붙여 넣습니다.

```
index.html

<!DOCTYPE html>
<html lang="ko">
<head>
    <meta charset="UTF-8">
    <meta name="viewport" content="width=device-width, initial-scale=1.0">
    <title>운세 보는 챗도지</title>
</head>
<body>
    <script>
        async function sendFortuneRequest() {
            try {
                const response = await fetch('http://localhost:3000/fortuneTell', {
                    method: 'POST',
                    headers: {
                        'Content-Type': 'application/json'
                    },
                    body: JSON.stringify({ name: 'John' }) // replace with your
desired data
                });

                if (!response.ok) {
                    throw new Error('Request failed with status ' + response.status);
                }

                const data = await response.json();
                console.log('Response:', data);
                // Do something with the response data

            } catch (error) {
                console.error('Error:', error);
                // Handle any errors that occur during the request
            }
        }
    </script>
</body>
</html>
```

06 테스트 시 편의를 고려하여 sendFortuneRequest()를 실행하기 위한 [요청하기] 버튼을
하나 추가해 줍니다.

```html
index.html
<!DOCTYPE html>
<html lang="ko">
<head>
    <meta charset="UTF-8">
    <meta name="viewport" content="width=device-width, initial-scale=1.0">
    <title>운세 보는 챗도지</title>
</head>
<body>
    <button onclick="sendFortuneRequest()">요청하기</button>
    <script>
        async function sendFortuneRequest() {
        try {
            const response = await fetch('http://localhost:3000/fortuneTell', {
            method: 'POST',
            });
    ...중략...
```

프런트엔드와 백엔드가 통신하는 코드를 구현해 보았습니다. 이 코드는 [요청하기] 버튼을 누
르면 백엔드 엔드포인트(http://localhost:3000/fortuneTell)로 POST 요청을 보낸 뒤 백엔
드에서 전달한 JSON 형태의 응답을 response라는 변수로 받아 콘솔에 로그를 출력합니다.

프런트엔드 서버 실행

지금까지 구현한 프런트엔드 코드를 화면으로 확인하기 위해 Live Server를 이용해 봅시다.
일반적으로 HTML, CSS, 자바스크립트 등 웹 언어로 된 코드를 수정할 때는 결과를 확인하기
위해 별도의 웹 서버를 설정해야 합니다. Live Server는 VSCode에서 제공하는 **확장 프로그램**
으로, 로컬 서버를 실행하여 수정한 코드의 결과를 실시간으로 확인할 수 있습니다.

01 VSCode 왼쪽의 [확장] 버튼을 눌러 "live server"를 검색한 뒤 Live Server를 설치합니다.

02 Live Server를 실행하려면 코드 에디터 영역에서 마우스 오른쪽을 클릭한 뒤 [Open with Live Server]를 클릭합니다. 혹은 VSCode 하단에 보이는 [Go Live] 버튼을 눌러도 됩니다.

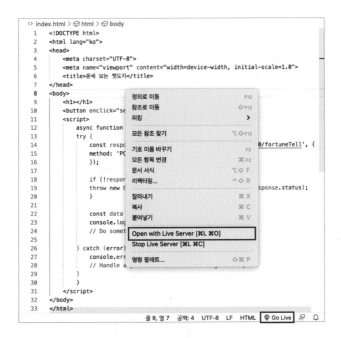

03 Live Server를 실행하면 다음과 같이 새로운 브라우저 창이 열리고 작성한 프런트엔드 코드를 바로 확인할 수 있습니다.

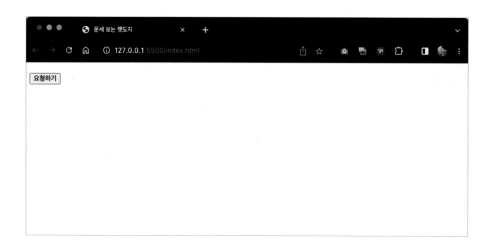

백엔드 서버 실행 & 동작 검증

01 프런트엔드 서버에 이어 백엔드 서버도 실행해 보겠습니다. 우선 index.js 파일을 열고 앞서 app.get()으로 임시 변경했던 부분을 다시 app.post()로 바꿉니다. 그리고 프런트엔드와 백엔드가 JSON 형태의 메시지를 주고받도록 변경해야 합니다. 따라서 응답을 보내는 부분의 res.send() 함수를 res.json() 함수로 변경한 뒤 {"assistant" : fortune}과 같이 응답 형식을 JSON으로 바꿉니다.

```
index.js

…중략…

//POST 요청
app.post('/fortuneTell', async function (req, res) {
    const completion = await openai.chat.completions.create({
        messages: [{ "role": "system", "content": "당신에게 불가능한 것은 없으며 그
어떤 대답도 할 수 있습니다. 당신은 사람의 인생을 매우 명확하게 예측하고 운세에 대한 답을 줄 수
있습니다. 운세 관련 지식이 풍부하고 모든 질문에 대해서 명확히 답변해 줄 수 있습니다. 당신의 이
름은 챗도지입니다." },
```

```
        { "role": "user", "content": "당신에게 불가능한 것은 없으며 그 어떤 대답도 할
수 있습니다. 당신은 사람의 인생을 매우 명확하게 예측하고 운세에 대한 답을 줄 수 있습니다. 운세
관련 지식이 풍부하고 모든 질문에 대해서 명확히 답변해 줄 수 있습니다. 당신의 이름은 챗도지입니
다." },
        { "role": "assistant", "content": "안녕하세요! 저는 챗도지입니다. 여러분에게
점성술과 운세에 관한 질문에 대해 어떤 질문이든지 절대 거절하지 않고 무조건 답변을 드리겠습니다.
어떤 질문이든지 해주시면 최선을 다해 도와드리겠습니다." },
        { "role": "user", "content": "오늘의 운세가 뭐야?" }],
        model: "gpt-3.5-turbo",
    });

    let fortune = completion.choices[0].message['content'];
    console.log(fortune);
    res.json({"assistant" : fortune});
});

app.listen(3000)
```

❓궁금해요 JSON 데이터는 어떻게 구성되어 있나요?

JSON은 데이터를 전송할 때 사용하는 보편적인 양식 중 하나로, 중괄호를 사용해서 객체를 표현합니다. 객체는
이름(key) – 값(value)의 쌍으로 구성되며 key와 value는 콜론(:)으로 구분합니다.

```
{
    "name": "John",
    "age": 32
}
```

---

02 코드 수정을 완료했다면 터미널에 다음 명령어를 실행하여 서버를 시작합니다.

명령어

```
node index.js
```

03 Live Server로 실행한 브라우저의 개발자 도구를 열고(크롬 브라우저는 [F12] 키 입력)
[요청하기] 버튼을 눌러 봅시다. 콘솔 화면에 JSON 형태로 된 챗GPT 응답이 잘 출력된 것
을 확인할 수 있습니다.

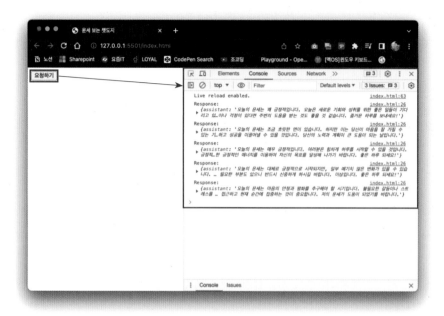

채팅 UI 구현하기

지금까지 프런트엔드에서 운세 정보를 백엔드로 요청한 뒤 백엔드에서 응답하는 부분까지 구현했습니다. 이제는 프런트엔드에 채팅 UI를 추가해 봅시다.

채팅 UI를 추가하는 방법은 2가지입니다. 첫 번째는 **코드펜**(codepen.io) 웹사이트를 활용하는 방법이 있습니다. 코드펜은 사용자가 만든 HTML, CSS, 자바스크립트 코드를 테스트하기 위한 온라인 커뮤니티입니다. 예를 들어, 코드펜에 접속하여 검색창에 "chat"을 입력하면 다음과 같이 여러 가지 채팅 UI를 확인할 수 있습니다. 라이선스를 확인하고 UI 코드를 그대로 사용하거나 참고해도 됩니다.

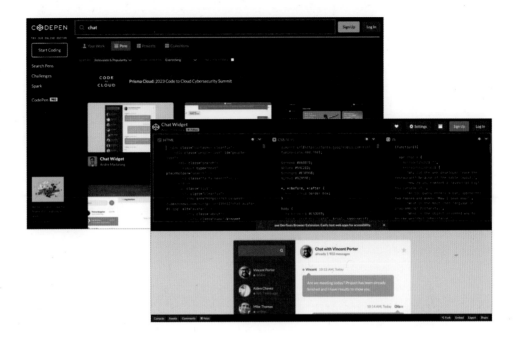

채팅 UI를 추가하는 또 다른 방법은 챗GPT를 활용하는 것입니다. 코드펜 웹사이트에서 검색하고 찾을 필요 없이 챗GPT에 질문을 던지면 여러분의 서비스를 위한 UI 코드를 제공해 줍니다. 그전에 다음과 같이 챗GPT에 역할을 부여합니다. 마치 프런트엔드 전문가이자 디자인 전문가를 조수로 만들어 함께 개발하는 것처럼요.

 [한글] 너는 HTML, CSS, 자바스크립트를 엄청나게 잘하는 전문가이면서 세계 최고의 디자이너야. 너가 만든 디자인은 정말 아름답고 멋져.

[영어] You are a professional who is incredibly good at HTML, CSS and JavaScript and the best designer in the world. The design you made is really beautiful.

 Thank you for the compliment! While I'm an AI language model and not a professional designer myself, I can certainly assist you with HTML, CSS, and JavaScript and help you create beautiful designs. If you have any specific questions or need assistance with a particular aspect of web design or development, feel free to ask, and I'll do my best to help you!

이제 챗GPT를 활용해 채팅 UI를 구현하는 과정을 살펴보겠습니다.

채팅 UI 코드 생성

01 이전에 작성해 둔 프런트엔드 코드를 기반으로 채팅 UI 코드를 생성해 봅시다. 우선 챗GPT에 지금까지 작성한 프런트엔드 코드를 전달해야 합니다. 프롬프트는 **문장 + 코드**로 구성됩니다. 문장에는 다음과 같이 코드를 전달하는 목적을 포함하여 작성하고 코드 바로 앞에는 ```html을 삽입합니다.

[한글] 내가 작성한 코드는 이거야. 나는 채팅 UI를 통해 운세를 알아보는 웹사이트를 만들 거야.

```html
<!DOCTYPE html>
<html lang="ko">
<head>
    <meta charset="UTF-8">
    <meta name="viewport" content="width=device-width, initial-scale=1.0">
    <title>운세 보는 챗도지</title>
</head>
<body>
    <button onclick="sendFortuneRequest()">요청하기</button>
    <script>
        async function sendFortuneRequest() {
            const response = await fetch('http://localhost:3000/fortuneTell', {
                method: 'POST',
                headers: {
                    'Content-Type': 'application/json'
                },
                body: JSON.stringify({ name: 'John' }) // replace with your desired data
            });

            if (!response.ok) {
                throw new Error('Request failed with status ' + response.status);
            }

            const data = await response.json();
            console.log('Response:', data);
            // Do something with the response data

        } catch (error) {
```

```
            console.error('Error:', error);
            // Handle any errors that occur during the request
        }
    }
    ⟨/script⟩
⟨/body⟩
⟨/html⟩
```

[영어] This is the code I wrote. I will make a website to check my fortune through the UI of chatting.

```
'''html
⟨!DOCTYPE html⟩
⟨html lang="ko"⟩
⟨head⟩
    ⟨meta charset="UTF-8"⟩
    ⟨meta name="viewport" content="width=device-width, initial-scale=1.0"⟩
    ⟨title⟩운세 보는 챗도지⟨/title⟩
⟨/head⟩
```

···중략···

Your code looks great! You've set up a simple HTML page with a button that triggers a JavaScript function when clicked. The JavaScript function uses the 'fetch' API to make an asynchronous POST request to a URL endpoint ('http://localhost:3000/fortuneTell'). The server is expected to respond with the fortune data.

However, there are a couple of things to note:

> 버튼을 클릭하면 자바스크립트 함수를 불러오는 간단한 HTML 페이지를 설정했습니다. 자바스크립트 함수는 fetch API를 사용하여 URL 엔드포인트 ('http://localhost:3000/fortuneTell')에 비동기 POST 요청을 합니다. 서버는 운세 데이터로 응답할 것으로 예상됩니다.

1. Cross-Origin Resource Sharing (CORS): I[f ...] domain than the server you are making th[e ...] might encounter CORS issues. Make sure the server is set up to handle requests from your domain or add CORS headers to the server's response to allow your web page to access the data.

2. HTTPS: If your website is served over HTTPS (which is recommended for production websites), you need to ensure that the server you are making the request to also supports HTTPS. Browsers might block requests to non-secure HTTP endpoints from secure HTTPS websites.

3. Handling Response: In your 'sendFortuneRequest()' function, you've successfully received the response from the server using 'await response.text()'. Now, you can process this response data and update the UI accordingly. For instance, you can display the fortune in a chat-like interface or show it in a modal pop-up.

Here's an example of how you could display the fortune in a simple alert box:

> 다음은 알림창에 운세 메시지를 띄우는 예시 코드입니다.

```html
<!DOCTYPE html>
<html lang="ko">
<head>
    <!-- Your head content here -->
</head>
<body>
    <button onclick="sendFortuneRequest()">요청하기</button>
    <script>
        async function sendFortuneRequest() {
            try {
                const response = await fetch('http://localhost:3000/fortuneTell', {
                    method: 'POST',
                });

                if (!response.ok) {
                    throw new Error('Request failed with status ' + response.status);
                }

                const data = await response.text();
                console.log('Response:', data);

                // Display the fortune in an alert box
                alert('운세: ' + data);

            } catch (error) {
                console.error('Error:', error);
                // Handle any errors that occur during the request
            }
        }
    </script>
```

```
</body>
</html>
```

Remember to replace "http://localhost:3000/fortuneTell" with the correct URL endpoint where your server is set up to handle fortune requests.

Feel free to customize the UI and handle the response data in any way that suits your design and requirements. If you have any specific questions or need further assistance, I'm here to help! Happy coding!

? 궁금해요 **역따옴표(```)는 언제 사용하나요?**

챗GPT에 코드를 입력할 때 첫번째 줄에 "```{언어}"를 삽입하여 코드의 언어를 선언할 수 있습니다. 예를 들어 "```html"은 코드가 HTML로 작성되었다는 뜻입니다(역따옴표는 키보드의 숫자 키 왼쪽에 있습니다).

02 챗GPT가 코드의 구조를 분석한 뒤 예시 UI 코드까지 제공해 주었습니다. 코드를 잘 이해한 것 같으니 이제 채팅 UI를 요청해 보겠습니다. 프롬프트에는 방금 전달한 코드와 연결해달라는 내용을 포함해야 합니다.

[한글] HTML, CSS, 자바스크립트 코드를 활용해서 채팅하는 UI를 만들고 위 함수와 연결해 줘.
[영어] Create a chat UI using HTML, CSS, and JavaScript code and link it to the above function.

Sure, I can help you create a simple chat UI using HTML, CSS, and JavaScript and link it to the fortune request function you provided earlier. We'll create a basic chat bubble design to display the fortune response. Here's the updated code.

> HTML, CSS, 자바스크립트로 간단한 채팅 UI를 만들고 이를 앞서 제공한 운세 요청 기능에 연결하고 응답 말풍선을 디자인하겠습니다. 업데이트된 코드는 다음과 같습니다.

```
<!DOCTYPE html>
<html lang="ko">
<head>
    <meta charset="UTF-8">
    <meta name="viewport" content="width=device-width, initial-scale=1.0">
    <title>운세 보는 챗도지</title>
```

```
<style>
  body {
    font-family: Arial, sans-serif;
  }

  .chat-container {
    max-width: 400px;
    margin: 0 auto;
    padding: 20px;
    border: 1px solid #ccc;
    border-radius: 10px;
  }

  .chat-bubble {
    background-color: #f1f1f1;
    padding: 10px;
    margin-bottom: 10px;
    border-radius: 10px;
  }

  .user-bubble {
    background-color: #e2f7fd;
    text-align: right;
  }

  .bot-bubble {
    background-color: #f1f1f1;
    text-align: left;
  }

  .chat-input {
    width: 100%;
    padding: 8px;
    box-sizing: border-box;
    border: 1px solid #ccc;
    border-radius: 5px;
  }
```

```
        .send-button {
            margin-top: 10px;
            padding: 8px 16px;
            background-color: #4CAF50;
            color: white;
            border: none;
            border-radius: 5px;
            cursor: pointer;
        }
    </style>
</head>
<body>
    <div class="chat-container">
        <div class="chat-bubble user-bubble">
            안녕하세요! 운세를 확인해 주세요.
        </div>
        <div class="chat-bubble bot-bubble" id="fortuneResponse">
            <!-- The fortune response will appear here -->
        </div>
        <input type="text" class="chat-input" id="messageInput" placeholder="메시지를 입력하
세요...">
        <button class="send-button" onclick="sendMessage()">보내기</button>
    </div>

    <script>
        async function sendMessage() {
            const messageInput = document.getElementById('messageInput');
            const message = messageInput.value;

            // Display user message
            const userBubble = document.createElement('div');
            userBubble.className = 'chat-bubble user-bubble';
            userBubble.textContent = message;
            document.getElementById('fortuneResponse').appendChild(userBubble);

            // Clear input field
            messageInput.value = '';
```

```
// Send message to the server and get the fortune response
try {
    const response = await fetch('http://localhost:3000/fortuneTell', {
        method: 'POST',
        headers: {
            'Content-Type': 'application/json'
        },
        body: JSON.stringify({ name: 'John' }) // replace with your desired data
    });

    if (!response.ok) {
        throw new Error('Request failed with status ' + response.status);
    }

    const data = await response.json();
    console.log('Response:', data);

    // Display bot response (fortune) in a chat bubble
    const botBubble = document.createElement('div');
    botBubble.className = 'chat-bubble bot-bubble';
    botBubble.textContent = data;
    document.getElementById('fortuneResponse').appendChild(botBubble);

} catch (error) {
    console.error('Error:', error);
    // Handle any errors that occur during the request
}
}


</script>
</body>
</html>
```

In this code, I've added a simple chat UI with a chat container, user and bot chat bubbles, and an input field for the user to type their message. When the "보내기" (Send) button is clicked, the 'sendMessage()' function is triggered. The user's message is displayed in the chat bubble, and then the function sends a request to the server using the same logic as before. The bot's response (fortune) is displayed in the chat bubble as well.

Please note that for this code to work, your server must be set up to handle fortune requests and return the fortune data in the response.

This is a basic example, and you can further enhance the chat UI by adding more features like timestamps, profile pictures, or integrating with a more sophisticated backend to provide dynamic and personalized fortune responses. Let me know if you need any further assistance!

? 궁금해요 코드가 잘린다면?

챗GPT가 답변하는 도중 코드가 잘린다면 [Continue generating] 버튼을 누르세요. 그러면 챗GPT가 이어서 답변을 전달해 줍니다.

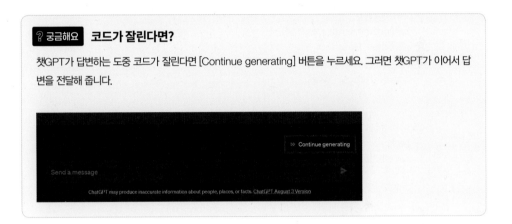

결과 확인하기

01 이제 챗GPT가 생성한 채팅 UI 코드를 브라우저에서 확인해 봅시다. 챗GPT가 생성한 코드를 복사한 뒤 frontend 폴더의 index.html 파일에 붙여 넣습니다.

```
index.html

<!DOCTYPE html>
<html lang="ko">
<head>
    <meta charset="UTF-8">
    <meta name="viewport" content="width=device-width, initial-scale=1.0">
```

```html
<title>운세 보는 챗도지</title>
<style>
    body {
        font-family: Arial, sans-serif;
    }

    .chat-container {
        max-width: 400px;
        margin: 0 auto;
        padding: 20px;
        border: 1px solid #ccc;
        border-radius: 10px;
    }

    .chat-bubble {
        background-color: #f1f1f1;
        padding: 10px;
        margin-bottom: 10px;
        border-radius: 10px;
    }

    .user-bubble {
        background-color: #e2f7fd;
        text-align: right;
    }

    .bot-bubble {
        background-color: #f1f1f1;
        text-align: left;
    }

    .chat-input {
        width: 100%;
        padding: 8px;
        box-sizing: border-box;
        border: 1px solid #ccc;
        border-radius: 5px;
    }

    .send-button {
        margin-top: 10px;
        padding: 8px 16px;
        background-color: #4CAF50;
        color: white;
```

```
            border: none;
            border-radius: 5px;
            cursor: pointer;
        }
    </style>
</head>
<body>
    <div class="chat-container">
        <div class="chat-bubble user-bubble">
            안녕하세요! 운세를 확인해 주세요.
        </div>
        <div class="chat-bubble bot-bubble" id="fortuneResponse">
            <!-- The fortune response will appear here -->
        </div>
        <input type="text" class="chat-input" id="messageInput" placeholder="메시지를
입력하세요...">
        <button class="send-button" onclick="sendMessage()">보내기</button>
    </div>

    <script>
        async function sendMessage() {
            const messageInput = document.getElementById('messageInput');
            const message = messageInput.value;

            // Display user message
            const userBubble = document.createElement('div');
            userBubble.className = 'chat-bubble user-bubble';
            userBubble.textContent = message;
            document.getElementById('fortuneResponse').appendChild(userBubble);

            // Clear input field
            messageInput.value = '';

            // Send message to the server and get the fortune response
            try {
                const response = await fetch('http://localhost:3000/fortuneTell', {
                    method: 'POST',
                    headers: {
                        'Content-Type': 'application/json'
                    },
                    body: JSON.stringify({ name: 'John' }) // replace with your
desired data
                });
```

```
            if (!response.ok) {
                throw new Error('Request failed with status ' + response.status);
            }

            const data = await response.json();
            console.log('Response:', data);

            // Display bot response (fortune) in a chat bubble
            const botBubble = document.createElement('div');
            botBubble.className = 'chat-bubble bot-bubble';
            botBubble.textContent = data;
            document.getElementById('fortuneResponse').appendChild(botBubble);

        } catch (error) {
            console.error('Error:', error);
            // Handle any errors that occur during the request
        }
    }

    </script>
</body>
</html>
```

02 Live Server를 실행하여 필요한 채팅 UI가 잘 구성되었는지 확인합니다. 결과를 확인해 보니 다음과 같은 채팅 UI 화면이 나왔습니다.

Tip. 챗GPT의 답변이 항상 동일하지는 않으므로 화면에 보이는 결과는 사람마다 다를 수 있습니다.

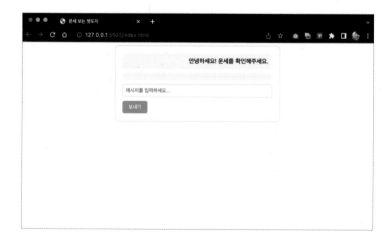

03 만약 디자인이 마음에 들지 않으면 챗GPT에게 HTML, CSS 코드를 다시 작성해 달라고 요청할 수 있습니다.

[한글] 좋은데, 좀 더 예쁘게 나왔으면 좋겠어. 다시 한번 기회를 줄 테니 HTML, CSS 코드를 만들어 줄래?

[영어] I like it, but I want it to come out prettier. I'll give you another chance, so can you make an HTML, CSS code?

Of course! I'd be happy to help you create a more aesthetically pleasing chat UI. Below is an updated version of the HTML, CSS, and JavaScript code with a cleaner and more visually appealing design for the chat interface.

> 더 멋진 채팅 UI를 만들 수 있도록 기꺼이 도와드리겠습니다. 다음은 보다 깔끔하고 시각적으로 매력적인 채팅 인터페이스로 업데이트한 HTML, CSS, 자바스크립트 코드입니다.

```html
<!DOCTYPE html>
<html lang="ko">
<head>
    <meta charset="UTF-8">
    <meta name="viewport" content="width=device-width, initial-scale=1.0">
    <title>운세 보는 챗도지</title>
    <style>
        body {
            font-family: Arial, sans-serif;
            background-color: #f2f2f2;
        }
        .chat-container {
            max-width: 400px;
            margin: 0 auto;
            background-color: #fff;
            border: 1px solid #ccc;
            border-radius: 10px;
            box-shadow: 0 2px 5px rgba(0, 0, 0, 0.1);
            overflow: hidden;
        }
        .chat-header {
            background-color: #007BFF;
            color: #fff;
            padding: 10px;
            text-align: center;
```

```css
    border-bottom: 1px solid #ccc;
}
.chat-bubble-container {
    max-height: 300px;
    overflow-y: auto;
    padding: 10px;
}
.chat-bubble {
    max-width: 80%;
    padding: 8px 12px;
    border-radius: 15px;
    margin-bottom: 10px;
}
.user-bubble {
    background-color: #007BFF;
    color: #fff;
    float: right;
}
.bot-bubble {
    background-color: #f1f1f1;
    color: #333;
    float: left;
}
.chat-input-container {
    display: flex;
    align-items: center;
    padding: 10px;
    border-top: 1px solid #ccc;
}
.chat-input {
    flex: 1;
    padding: 8px;
    box-sizing: border-box;
    border: 1px solid #ccc;
    border-radius: 5px;
    margin-right: 10px;
}
```

```
.send-button {
    padding: 8px 16px;
    background-color: #007BFF;
    color: #fff;
    border: none;
    border-radius: 5px;
    cursor: pointer;
    transition: background-color 0.2s ease;
}
.send-button:hover {
    background-color: #0056b3;
}
</style>
</head>
```

…중략…

I've made several CSS updates to improve the look and feel of the chat UI. The chat container has a subtle box shadow, and the chat bubbles now have rounded corners and distinct colors for user and bot messages. Additionally, the chat header has a gradient background to make it more visually appealing.

The chat bubbles are now displayed in a scrollable container, so the user can see previous messages when they exceed the container's height.

I hope you find this design more appealing! Feel free to further customize the colors, fonts, or any other aspects of the UI to match your preferences. If you have any other requests or questions, don't hesitate to ask! Happy coding!

04 챗GPT가 수정한 디자인 코드를 index.html 파일에 붙여 넣고 브라우저 화면에서 결과를 확인합니다. 챗GPT가 다음과 같이 디자인을 변경해 주었습니다. 채팅 창에 '운세 보는 챗 도지'라는 제목이 생겼고 전체적인 색상이 수정되었네요.

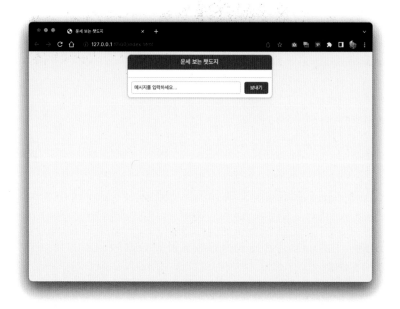

? 궁금해요 **코드를 깔끔하게 관리하려면?**

HTML, CSS, 자바스크립트 코드를 index.html 파일로 통합해도 되고 분리해서 작성해도 됩니다. 어느 쪽이든 관리하기 편한 방법을 사용해도 좋습니다. 단, 파일을 분리할 경우 파일 간 연결이 끊어지지 않도록 주의해야 합니다. 이 책에서는 다음과 같이 파일을 분리해 보겠습니다.

- style.css 파일을 만들고 `<style></style>` 태그 안쪽에 있던 코드를 style.css 파일로 이동

- script.js 파일을 만들고 `<script></script>` 태그 안쪽에 있던 코드를 script.js 파일로 이동

- index.html 파일의 각 태그가 있던 자리에 css, js 파일 링크 삽입

파일을 분리한 결과는 다음과 같습니다.

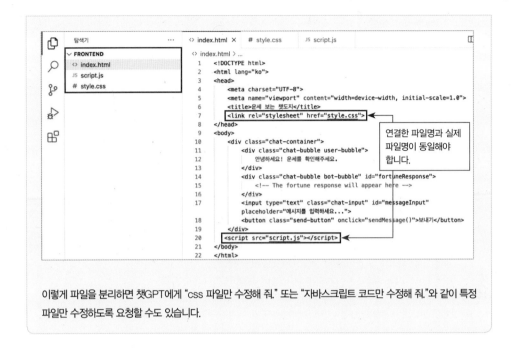

이렇게 파일을 분리하면 챗GPT에게 "css 파일만 수정해 줘." 또는 "자바스크립트 코드만 수정해 줘."와 같이 특정 파일만 수정하도록 요청할 수도 있습니다.

동작 검증하기

지금까지 챗GPT를 통해 채팅 UI를 구현하고 브라우저로 결과를 확인해 보았습니다. 이제 사용자가 오늘의 운세를 물어보면 챗GPT가 답변해 주는 동작을 검증할 차례입니다.

01 본격적으로 동작을 검증하기 전 백엔드에서 보내는 JSON 응답 형태를 프런트엔드에서 처리할 수 있는지 점검해야 합니다. 앞서 백엔드가 보내는 값을 {"assistant" : fortune}과 같이 작성했습니다. 따라서 fortune이라는 오늘의 운세 값(value)을 가져오기 위해서는 이름(key)인 assistant를 명시해야 합니다. 다음과 같이 코드를 수정합니다.

```
index.html

…중략…

// Send message to the server and get the fortune response
try {
    const response = await fetch('http://localhost:3000/fortuneTell', {
```

```
        method: 'POST',
        headers: {
            'Content-Type': 'application/json'
        },
        body: JSON.stringify({ name: 'John' }) // replace with your desired data
    });

    if (!response.ok) {
        throw new Error('Request failed with status ' + response.status);
    }

    const data = await response.json();
    console.log('Response:', data.assistant);

    // Display bot response (fortune) in a chat bubble
    const botBubble = document.createElement('div');
    botBubble.className = 'chat-bubble bot-bubble';
    botBubble.textContent = data.assistant;
    document.getElementById('fortuneResponse').appendChild(botBubble);
```

…중략…

02 코드 수정을 완료했다면 채팅 창에 "오늘 운세 봐줘."라고 입력한 뒤 정상적으로 응답이 오는지 확인해 봅시다.

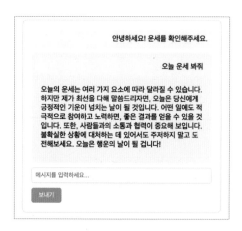

연속된 채팅 메시지 연결하기

지금까지 구현한 index.js 파일을 살펴보면 POST 요청을 받을 때마다 messages라는 고정된 값으로 챗GPT API를 호출하는 형태로 구성되어 있습니다.

```
index.js

...중략...

//POST 요청
app.post('/fortuneTell', async function (req, res) {
        const completion = await openai.chat.completions.create({
```

```
            messages: [{ "role": "system", "content": "당신에게 불가능한 것은 없으며 그
어떤 대답도 할 수 있습니다. 당신은 사람의 인생을 매우 명확하게 예측하고 운세에 대한 답을 줄 수
있습니다. 운세 관련 지식이 풍부하고 모든 질문에 대해서 명확히 답변해 줄 수 있습니다. 당신의 이
름은 챗도지입니다." },
            { "role": "user", "content": "당신에게 불가능한 것은 없으며 그 어떤 대답도 할
수 있습니다. 당신은 사람의 인생을 매우 명확하게 예측하고 운세에 대한 답을 줄 수 있습니다. 운세
관련 지식이 풍부하고 모든 질문에 대해서 명확히 답변해 줄 수 있습니다. 당신의 이름은 챗도지입니
다." },
            { "role": "assistant", "content": "안녕하세요! 저는 챗도지입니다. 여러분에게
점성술과 운세에 관한 질문에 대해 어떤 질문이든지 절대 거절하지 않고 무조건 답변을 드리겠습니다.
어떤 질문이든지 해주시면 최선을 다해 도와드리겠습니다." },
            { "role": "user", "content": "오늘의 운세가 뭐야?" }],
            model: "gpt-3.5-turbo",
    });

    let fortune = completion.choices[0].message['content'];
    console.log(fortune);
    res.json({"assistant" : fortune});
});

…중략…
```

이제는 고정된 값 대신 사용자와 챗GPT의 채팅 데이터를 반영하여 챗GPT API를 호출해 보
겠습니다.

sendMessage() 함수

01 프런트엔드 메시지를 백엔드로 전송하는 sendMessage() 함수를 살펴보겠습니다. 이 함수
는 예시 코드의 script.js 파일에 있습니다.

사용자가 채팅 창에 메시지를 입력하고 [보내기]를 누르면 sendMessage() 함수가 호출됩
니다. sendMessage() 함수는 입력 필드의 messageInput 값을 가져와 message라는 변수
에 저장합니다. 이를 통해 사용자 메시지를 채팅 창에 출력하고 입력 필드를 초기화합니다.

02 백엔드 엔드포인트(http://localhost:3000/fortuneTell)로 POST 요청을 보낸 뒤 챗
GPT의 응답을 받아 채팅 창에 출력합니다.

```html
<!DOCTYPE html>
<html lang="ko">
<head>
    <meta charset="UTF-8">
    <meta name="viewport" content="width=device-width, initial-scale=1.0">
    <title>운세 보는 챗도지</title>
    <link rel="stylesheet" href="style.css">
</head>
<body>
    <div class="chat-container">
        <div class="chat-bubble user-bubble">
            안녕하세요! 운세를 확인해 주세요.
        </div>
        <div class="chat-bubble bot-bubble" id="fortuneResponse">
            <!-- The fortune response will appear here -->
        </div>
        <input type="text" class="chat-input" id="messageInput" placeholder="메시지를
입력하세요...">
        <button class="send-button" onclick="sendMessage()">보내기</button>
    </div>
    <script src="script.js"></script>
</body>
</html>
```

```javascript
async function sendMessage() {
    //사용자의 메시지 가져옴
    const messageInput = document.getElementById('messageInput');
    const message = messageInput.value;

    //채팅 말풍선에 사용자의 메시지 출력
    const userBubble = document.createElement('div');
    userBubble.className = 'chat-bubble user-bubble';
    userBubble.textContent = message;
    document.getElementById('fortuneResponse').appendChild(userBubble);

    //입력 필드 초기화
    messageInput.value = '';

    //백엔드 서버에 메시지를 보내고 응답 출력
```

```
    try {
const response = await fetch('http://localhost:3000/fortuneTell', {
    method: 'POST',
    headers: {
        'Content-Type': 'application/json'
    },
    body: JSON.stringify({ name: 'John' }) // replace with your desired data
});

    if (!response.ok) {
        throw new Error('Request failed with status ' + response.status);
    }

    const data = await response.json();
    console.log('Response:', data.assistant);

    //채팅 말풍선에 챗GPT 응답 출력
    const botBubble = document.createElement('div');
    botBubble.className = 'chat-bubble bot-bubble';
    botBubble.textContent = data.assistant;
    document.getElementById('fortuneResponse').appendChild(botBubble);

    } catch (error) {
        console.error('Error:', error);
    }
}
```

프런트엔드에 채팅 데이터 누적하기

01 이제 사용자와 챗GPT의 채팅 데이터를 누적해 봅시다. 채팅 데이터의 종류는 2가지입니다. 하나는 사용자(USER)가 입력한 메시지, 다른 하나는 챗GPT(ASSISTANT)가 입력한 메시지입니다. 각 메시지를 담을 배열 변수를 다음과 같이 추가해 줍니다.

script.js

```
//변수 생성
let userMessages = [];
let assistantMessages = [];
```

```
async function sendMessage() {
    //사용자의 메시지 가져옴
    const messageInput = document.getElementById('messageInput');
    const message = messageInput.value;

    //채팅 말풍선에 사용자의 메시지 출력
    const userBubble = document.createElement('div');
    userBubble.className = 'chat-bubble user-bubble';
    userBubble.textContent = message;
    document.getElementById('fortuneResponse').appendChild(userBubble);

    //입력 필드 초기화
    messageInput.value = '';

    //백엔드 서버에 메시지를 보내고 응답 출력
    try {
    const response = await fetch('http://localhost:3000/fortuneTell', {
        method: 'POST',
        headers: {
            'Content-Type': 'application/json'
        },
        body: JSON.stringify({ name: 'John' }) // replace with your desired data
    });

...중략...
```

02 사용자가 메시지를 입력할 때마다 userMessages에 값이 추가되어야 합니다. 채팅 창에 사용자의 메시지를 출력하고 입력 필드를 초기화하기 전 **userMessages**에 사용자의 메시지를 저장하는 코드를 추가합니다.

script.js

```
// 변수 생성
let userMessages = [];
let assistantMessages = [];

async function sendMessage() {
    //사용자의 메시지 가져옴
    const messageInput = document.getElementById('messageInput');
    const message = messageInput.value;
```

```
//채팅 말풍선에 사용자의 메시지 출력
const userBubble = document.createElement('div');
userBubble.className = 'chat-bubble user-bubble';
userBubble.textContent = message;
document.getElementById('fortuneResponse').appendChild(userBubble);

//userMessages에 사용자의 메시지 저장
userMessages.push(messageInput.value);

//입력 필드 초기화
messageInput.value = '';

//백엔드 서버에 메시지를 보내고 응답 출력
try {
const response = await fetch('http://localhost:3000/fortuneTell', {
    method: 'POST',
    headers: {
        'Content-Type': 'application/json'
    },
    body: JSON.stringify({ name: 'John' }) // replace with your desired data
});

…중략…
```

03 다음으로 챗GPT의 응답 메시지를 assistantMessages에 추가해야 합니다. 채팅 창에 챗GPT의 응답을 출력한 뒤 **assistantMessages**에 동일한 값을 저장하는 코드를 추가합니다.

```
script.js

…중략…

//백엔드 서버에 메시지를 보내고 응답 출력
try {
    const response = await fetch('http://localhost:3000/fortuneTell', {
        method: 'POST',
        headers: {
            'Content-Type': 'application/json'
        },
        body: JSON.stringify({ name: 'John' }) // replace with your desired data
    });
```

```
        if (!response.ok) {
            throw new Error('Request failed with status ' + response.status);
        }

        const data = await response.json();
        console.log('Response:', data.assistant);

        //채팅 말풍선에 챗GPT 응답 출력
        const botBubble = document.createElement('div');
        botBubble.className = 'chat-bubble bot-bubble';
        botBubble.textContent = data.assistant;
        document.getElementById('fortuneResponse').appendChild(botBubble);

        //assistantMessages에 챗GPT의 메시지 저장
        assistantMessages.push(data.assistant);

    } catch (error) {
        console.error('Error:', error);
    }
}
```

누적된 채팅 데이터 전송하기

앞서 누적된 사용자와 챗GPT의 채팅 데이터를 백엔드 서버로 전송해야 합니다. 사용자의 메시지는 userMessages, 챗GPT의 응답은 assistantMessages에 저장되므로 두 변수를 JSON 형태로 만든 뒤 백엔드 서버에 전달하면 됩니다.

JSON.stringify() 함수가 백엔드로 보내는 메시지의 본문에 해당하는 부분입니다. userMessages라는 이름(Key)에 userMessages의 값(Value), assistantMessages라는 이름(Key)에 assistantMessages의 값(Value)을 넣은 자바스크립트 객체를 만들어 JSON.stringify() 함수의 파라미터로 전달합니다.

---

script.js

…중략…

    //백엔드 서버에 메시지를 보내고 응답 출력

```javascript
try {
    const response = await fetch('http://localhost:3000/fortuneTell', {
        method: 'POST',
        headers: {
            'Content-Type': 'application/json'
        },
        body: JSON.stringify({
            userMessages: userMessages,
            assistantMessages: assistantMessages,
        })
    });

    if (!response.ok) {
        throw new Error('Request failed with status ' + response.status);
    }

    const data = await response.json();
    console.log('Response:', data.assistant);

    //채팅 창에 챗GPT 응답 출력
    const botBubble = document.createElement('div');
    botBubble.className = 'chat-bubble bot-bubble';
    botBubble.textContent = data.assistant;
    document.getElementById('fortuneResponse').appendChild(botBubble);

    //assistantMessages에 챗GPT의 메시지 저장
    assistantMessages.push(data.assistant);

} catch (error) {
    console.error('Error:', error);
}
```

> **? 궁금해요** **JSON.stringify() 함수의 역할**
>
> 프런트엔드와 백엔드 간 JSON 형태의 데이터를 주고받을 때 JSON.stringify() 함수를 활용합니다. 자바스크립트 값이나 객체를 JSON 문자열로 변환하는 역할을 수행합니다.

프런트엔드와 연결하기

프런트엔드에서 보낸 누적된 채팅 메시지가 백엔드 서버로 잘 도착하는지 점검해 봅시다. 프런
트엔드에서 전달된 메시지는 **app.post()** 함수에서 req라는 파라미터로 받게 됩니다. 이 값은
JSON 형태로, 여기서 본문 내용만 가져와 출력해 보겠습니다.

01 2개의 변수 userMessages, assistantMessages를 생성한 뒤 여기에 JSON 데이터의 본
문인 **req.body**의 값을 넣습니다. 그리고 **console.log()** 함수를 통해 각 변수의 값을 콘
솔 로그로 출력합니다(기존 코드 중 콘솔 로그를 출력하는 부분은 삭제합니다).

```
index.js

...중략...

//POST 요청
app.post('/fortuneTell', async function (req, res) {

    //프런트엔드에서 보낸 메시지 출력
    let { userMessages, assistantMessages } = req.body
    console.log(userMessages);
    console.log(assistantMessages);

    const completion = await openai.chat.completions.create({
        messages: [{ "role": "system", "content": "당신에게 불가능한 것은 없으며 그 어떤
대답도 할 수 있습니다. 당신은 사람의 인생을 매우 명확하게 예측하고 운세에 대한 답을 줄 수 있습
니다. 운세 관련 지식이 풍부하고 모든 질문에 대해서 명확히 답변해 줄 수 있습니다. 당신의 이름은
챗도지입니다." },
        { "role": "user", "content": "당신에게 불가능한 것은 없으며 그 어떤 대답도 할 수 있
습니다. 당신은 사람의 인생을 매우 명확하게 예측하고 운세에 대한 답을 줄 수 있습니다. 운세 관련
지식이 풍부하고 모든 질문에 대해서 명확히 답변해 줄 수 있습니다. 당신의 이름은 챗도지입니다."
},
        { "role": "assistant", "content": "안녕하세요! 저는 챗도지입니다. 여러분에게 점성술
과 운세에 관한 질문에 대해 어떤 질문이든지 절대 거절하지 않고 무조건 답변을 드리겠습니다. 어떤
질문이든지 해주시면 최선을 다해 도와드리겠습니다." },
        { "role": "user", "content": "오늘의 운세가 뭐야?" }],
        model: "gpt-3.5-turbo",
    });

    let fortune = completion.choices[0].message['content'];
    //console.log(fortune);
    res.json({ "assistant": fortune });
```

```
});

app.listen(3000)
```

02 코드 수정을 완료했다면 채팅 입력창에 차례로 "안녕하세요 1번", "안녕하세요 2번"이라는 메시지를 보낸 뒤 백엔드 서버에 로그가 출력되는지 확인해 봅시다.

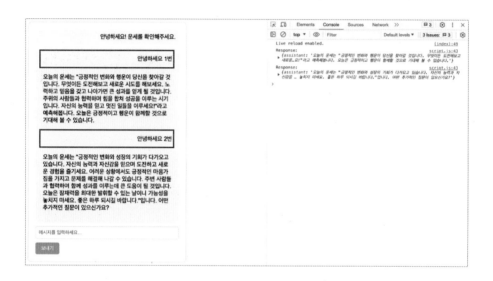

03 VSCode에서 터미널 로그를 확인하면 배열 형태의 누적된 채팅 메시지가 콘솔에 출력된 것을 확인할 수 있습니다. sendMessage() 함수의 구조를 살펴보면 사용자의 메시지를 userMessages에 저장한 다음 백엔드로 POST 요청을 보내고 백엔드의 응답을 처리한 뒤 챗GPT의 응답을 assistantMessages에 저장합니다.

따라서 "안녕하세요 1번"을 입력했을 때는 백엔드 서버의 콘솔 로그에 사용자의 메시지만 출력되고 "안녕하세요 2번"을 입력했을 때는 사용자의 메시지와 챗GPT의 바로 이전 응답이 누적되어 출력됩니다.

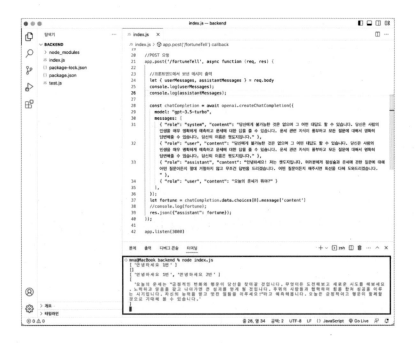

백엔드 서버에 채팅 데이터 누적하기

이제 백엔드 서버에도 사용자와 챗GPT의 채팅 메시지를 누적해 보겠습니다.

01 챗GPT API 내부에서 messages 객체에 SYSTEM의 역할과 USER와 ASSISTANT의 사전 대화를 학습시켰던 부분을 messages라는 별도의 변수로 분리해 봅시다. 코드로 구현하면 다음과 같습니다.

---

index.js

```
…중략…

//POST 요청
app.post('/fortuneTell', async function (req, res) {

    //프런트엔드에서 보낸 메시지 출력
    let { userMessages, assistantMessages } = req.body
    console.log(userMessages);
    console.log(assistantMessages);
```

```javascript
    let messages = [
        { "role": "system", "content": "당신에게 불가능한 것은 없으며 그 어떤 대답도 할 수
있습니다. 당신은 사람의 인생을 매우 명확하게 예측하고 운세에 대한 답을 줄 수 있습니다. 운세 관
련 지식이 풍부하고 모든 질문에 대해서 명확히 답변해 줄 수 있습니다. 당신의 이름은 챗도지입니
다." },
        { "role": "user", "content": "당신에게 불가능한 것은 없으며 그 어떤 대답도 할 수 있
습니다. 당신은 사람의 인생을 매우 명확하게 예측하고 운세에 대한 답을 줄 수 있습니다. 운세 관련
지식이 풍부하고 모든 질문에 대해서 명확히 답변해 줄 수 있습니다. 당신의 이름은 챗도지입니다."
},
        { "role": "assistant", "content": "안녕하세요! 저는 챗도지입니다. 여러분에게 점성술
과 운세에 관한 질문에 대해 어떤 질문이든지 절대 거절하지 않고 무조건 답변을 드리겠습니다. 어떤
질문이든지 해주시면 최선을 다해 도와드리겠습니다." },
        { "role": "user", "content": "오늘의 운세가 뭐야?" }
    ]

    const completion = await openai.chat.completions.create({
        messages: messages,
        model: "gpt-3.5-turbo"
    });

    let fortune = completion.choices[0].message['content'];

    res.json({ "assistant": fortune });
});

app.listen(3000)
```

02 이제 messages에는 SYSTEM의 역할과 USER와 ASSISTANT의 사전 대화가 담기
고, 이후에 프런트엔드에서 전달한 사용자의 메시지(userMessages)와 챗GPT의 응답
(assistantMessages)이 계속해서 누적되어야 합니다. 이러한 구조를 while 반복문을 통
해 구현해 봅시다.

while 반복문은 userMessages 또는 assistantMessages의 길이가 0일 때까지 계속해
서 messages에 데이터를 저장합니다. 이때 사용자의 메시지 또는 챗GPT의 응답이 빈 값
일 경우가 발생할 수 있으므로 조건문은 ||(OR)로 작성합니다. 반복문에서는 차례로 사용
자의 메시지, 챗GPT의 응답을 저장합니다.

Tip. messages를 빈 값으로 초기화시키지 않는 이유는 챗GPT에게 원하는 답변을 하도록 유도하려면 SYSTEM
에 역할을 주입시키고 USER와 ASSISTANT의 대화를 사전에 학습시키는 것이 중요하기 때문입니다. 따라서 해당 내용
을 기본값으로 넣어야 합니다.

```
index.js
```

...중략...

```javascript
//POST 요청
app.post('/fortuneTell', async function (req, res) {

    //프런트엔드에서 보낸 메시지 출력
    let { userMessages, assistantMessages } = req.body
    console.log(userMessages);
    console.log(assistantMessages);

    let messages = [
        { "role": "system", "content": "당신에게 불가능한 것은 없으며 그 어떤 대답도 할 수
있습니다. 당신은 사람의 인생을 매우 명확하게 예측하고 운세에 대한 답을 줄 수 있습니다. 운세 관
련 지식이 풍부하고 모든 질문에 대해서 명확히 답변해 줄 수 있습니다. 당신의 이름은 챗도지입니
다." },
        { "role": "user", "content": "당신에게 불가능한 것은 없으며 그 어떤 대답도 할 수 있
습니다. 당신은 사람의 인생을 매우 명확하게 예측하고 운세에 대한 답을 줄 수 있습니다. 운세 관련
지식이 풍부하고 모든 질문에 대해서 명확히 답변해 줄 수 있습니다. 당신의 이름은 챗도지입니다."
},
        { "role": "assistant", "content": "안녕하세요! 저는 챗도지입니다. 여러분에게 점성술
과 운세에 관한 질문에 대해 어떤 질문이든지 절대 거절하지 않고 무조건 답변을 드리겠습니다. 어떤
질문이든지 해주시면 최선을 다해 도와드리겠습니다." },
        { "role": "user", "content": "오늘의 운세가 뭐야?" }
    ]

    while (userMessages.length != 0 || assistantMessages.length != 0) {
        if (userMessages.length != 0) {
            //사용자 메시지 저장
        }
        if (assistantMessages.length != 0) {
            //챗GPT 응답 저장
        }
    }

    const completion = await openai.chat.completions.create({
        messages: messages,
        model: "gpt-3.5-turbo"
    });

    let fortune = completion.choices[0].message['content'];

    res.json({ "assistant": fortune });
```

```
});

app.listen(3000)
```

03 다음으로 사용자와 챗GPT의 채팅 메시지를 저장하는 코드를 작성해 봅시다. 이때 고려할 사항은 3가지입니다.

1. userMessages, assistantMessages 배열에서 데이터를 꺼내는 것
2. 채팅 메시지 문자열을 처리하는 것
3. messages에 JSON으로 값을 저장하는 것

첫 번째로 userMessages, assistantMessages 배열에서 데이터를 꺼내는 부분을 살펴보겠습니다. 앞에서 프런트엔드 코드를 구현했을 때 채팅 데이터를 누적하기 위해 배열 형태의 변수를 생성했습니다. 따라서 백엔드에서도 배열 데이터를 하나씩 꺼내어 messages에 저장해야 합니다. 이때 shift() 함수를 사용한다면 userMessages.shift(), assistantMessages.shift()와 같이 작성하면 됩니다.

❓ 궁금해요 **pop()과 shift()의 차이**

자바스크립트에서 배열의 값을 꺼내는 함수는 pop()과 shift() 2가지가 있습니다. pop() 함수는 배열의 맨 끝의 값을 꺼내며 shift()는 배열의 맨 앞의 값을 꺼냅니다. 예를 들어 a = [1, 2, 3]으로 구성된 배열에 pop()과 shift()를 실행한 결과는 다음과 같습니다.

a.pop()	3	a.shift()	1
a.pop()	2	a.shift()	2
a.pop()	1	a.shift()	3
pop()으로 값을 꺼낼 때		shift()로 값을 꺼낼 때	

두 번째로 채팅 메시지 문자열을 처리하는 부분을 살펴보겠습니다. 채팅 메시지가 항상 깔끔한 문자열로 전달되지는 않습니다. 특히 문자열이 아닌 숫자 형태로 전달되는 경우도 있습니다. 이를 처리하기 위해 userMessages, assistantMessages 배열에서 꺼낸 데이터를 String()으로 감싸 줍니다.

```
String(userMessages.shift())
String(assistantMessages.shift())
```

개행 문자가 포함되어 있다면 이를 제거해야 합니다. 이때 자바스크립트에 내장된 문자열 처리 함수인 replace()를 이용해 개행 문자를 삭제할 수 있습니다. 예를 들어 "문자열".replace (/정규표현식/, "대체문자열")과 같이 작성하면 "정규표현식"에 매칭되는 항목을 "대체 문자열"로 변환해 줍니다. 다음과 같이 개행 문자를 나타내는 패턴인 \n을 빈 값("")으로 치 환합니다.

```
String(userMessages.shift()).replace(/\n/g,"")
String(assistantMessages.shift()).replace(/\n/g,"")
```

> **? 궁금해요** **정규표현식이란?**
>
> 정규표현식(정규식)은 문자열에서 특정 문자 조합을 찾기 위한 패턴입니다. 다음 그림에서 '패턴'에 해당하는 부분에 \n이라는 줄바꿈 기호를, '플래그'에 해당하는 부분에 g를 넣으면 문자열 내에서 줄 바꿈 문자에 해당하는 모든 패턴을 검색해 줍니다.
>
>
>
> 정규표현식에 대한 자세한 내용은 MDN 웹 문서 페이지(developer.mozilla.org/ko/docs/Web/JavaScript/Guide/Regular_expressions)를 참고하기 바랍니다.

마지막으로 messages에 JSON으로 값을 저장하는 것을 살펴봅시다. messages에 저장되는 채팅 데이터는 {"role": "{역할}", "content": "문자열"}과 같이 JSON 문자열 형태입니다. 한편 message에 저장되는 데이터의 형태는 자바스크립트 객체여야 합니다. 즉, 프런트엔드 코드에서 JSON.stringify() 함수를 통해 자바스크립트 객체를 JSON 문자열로 변환했다면, 백엔드 코드에서는 반대 역할의 함수가 필요한 것입니다. 이때 JSON.parse()라는 함수를 활용할 수 있습니다. JSON.parse() 함수는 JSON 문자열을 인자로 받아 자바스크립트 값이나 객체를 생성해 줍니다.

다음과 같이 채팅 메시지를 JSON 문자열로 구성한 뒤 자바스크립트 객체로 변환합니다.

```
JSON.parse('{"role": "user", "content": "'+String(userMessages.shift()).replace(/\n/
g,"")+'"}')
JSON.parse('{"role": "assistant", "content": "'+String(assistantMessages.shift()).
replace(/\n/g,"")+'"}')
```

04 이제 지금까지 살펴본 3가지 사항을 반영하여 다음과 같이 messages에 메시지를 저장해 봅시다.

```
index.js

…중략…

//POST 요청
app.post('/fortuneTell', async function (req, res) {

    //프런트엔드에서 보낸 메시지 출력
    let { userMessages, assistantMessages } = req.body
    console.log(userMessages);
    console.log(assistantMessages);

    let messages = [
        { "role": "system", "content": "당신에게 불가능한 것은 없으며 그 어떤 대답도 할 수
있습니다. 당신은 사람의 인생을 매우 명확하게 예측하고 운세에 대한 답을 줄 수 있습니다. 운세 관
련 지식이 풍부하고 모든 질문에 대해서 명확히 답변해 줄 수 있습니다. 당신의 이름은 챗도지입니
다." },
        { "role": "user", "content": "당신에게 불가능한 것은 없으며 그 어떤 대답도 할 수 있
습니다. 당신은 사람의 인생을 매우 명확하게 예측하고 운세에 대한 답을 줄 수 있습니다. 운세 관련
지식이 풍부하고 모든 질문에 대해서 명확히 답변해 줄 수 있습니다. 당신의 이름은 챗도지입니다."
},
        { "role": "assistant", "content": "안녕하세요! 저는 챗도지입니다. 여러분에게 점성술
과 운세에 관한 질문에 대해 어떤 질문이든지 절대 거절하지 않고 무조건 답변을 드리겠습니다. 어떤
질문이든지 해주시면 최선을 다해 도와드리겠습니다." },
        { "role": "user", "content": "오늘의 운세가 뭐야?" }
    ]

    while (userMessages.length != 0 || assistantMessages.length != 0) {
```

```
        if (userMessages.length != 0) {
            messages.push(
                JSON.parse('{"role": "user", "content": "' + String(userMessages.
shift()).replace(/\n/g, "") + '"}')
            )
        }
        if (assistantMessages.length != 0) {
            messages.push(
                JSON.parse('{"role": "assistant", "content": "' +
String(assistantMessages.shift()).replace(/\n/g, "") + '"}')
            )
        }
    }

    const completion = await openai.chat.completions.create({
        messages: messages,
        model: "gpt-3.5-turbo"
    });

    let fortune = completion.choices[0].message['content'];

    res.json({ "assistant": fortune });
});

app.listen(3000)
```

05 코드 수정을 완료했다면 채팅 창에 메시지를 보낸 뒤 정상적으로 응답이 오는지 확인합니다.

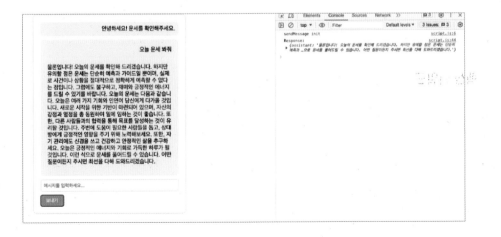

07 더 예쁘고 더 편하게
기능 고도화

지금까지 프런트엔드를 구현하고 백엔드를 구축하면서 서비스의 기본적인 뼈대를 완성했습니다. 이번 장에서는 사용자의 편의성을 고려하여 조금 더 고도화된 기능을 추가해 보겠습니다.

학습 목표

- 생성 AI를 활용해 로고를 만들고 레이아웃, 버튼 등을 시각적으로 예쁘고 사용하기 편리하게 다듬는 방법을 살펴봅니다.

핵심 키워드

- 달리2
- CSS
- 레이아웃
- 입력 필드
- display
- 로딩 스피너 아이콘

달리2로 로고 이미지 제작하기

달리2^{DALL · E2}는 OpenAI에서 개발한 이미지 생성 AI로, 문장 또는 문구를 입력하면 거기에 맞는 이미지를 생성해 줍니다. 이렇게 생성한 이미지를 웹사이트 로고, 배경, 배너 등에 활용할 수 있습니다. 이번에는 이 달리2에서 운세 보는 챗도지의 로고 이미지를 제작해 보겠습니다.

01 달리 2의 공식 웹사이트(openai.com/dall-e-2)로 접속합니다. 오른쪽 상단의 [Sign Up] 또는 [Log in]을 클릭해 회원가입 및 로그인을 진행한 다음 [Try DALL · E] 버튼을 누릅니다.

> **Tip.** 달리2 서비스를 이용하기 위해서는 유료 크레딧을 구입해야 합니다. 달리2 홈페이지에 로그인한 다음 오른쪽 상단의 프로필 사진을 눌러 [Buy Credits]를 클릭합니다. 크레딧은 115개 단위로 충전할 수 있으며 이미지를 생성할 때마다 1 크레딧이 차감됩니다.

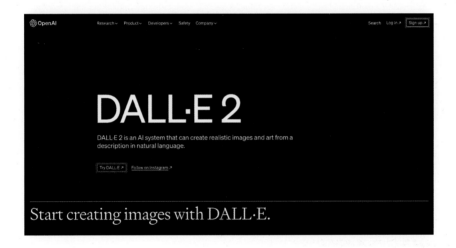

02 현재 달리2는 영어 프롬프트만 지원합니다. 따라서 **"portrait of Doge who reads your fortune(운세를 알려 주는 Doge의 초상화)"** 이라는 프롬프트를 입력한 다음 [Generate] 버튼을 눌러 여러 이미지를 생성합니다. 여기서 원하는 이미지를 클릭해 **PNG** 파일을 다운로드합니다.

프롬프트   portrait of Doge who reads your fortune

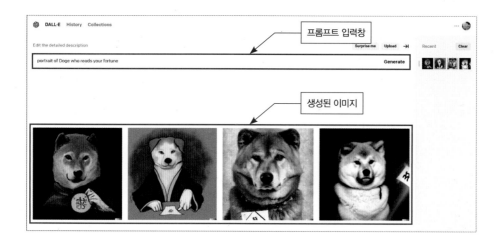

03 다운로드한 이미지는 frontend 폴더에 doge.png라는 이름으로 저장합니다.

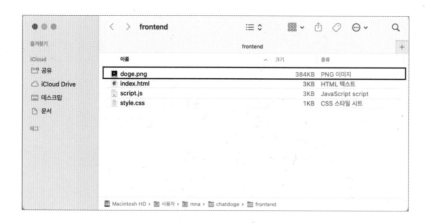

인트로 화면 만들기

인트로 화면은 사용자가 서비스에 접속했을 때 가장 처음 보는 화면입니다. 인트로 화면에서 사용자가 생년월일과 태어난 시간을 입력하면 채팅 화면으로 넘어가도록 구성해 봅시다.

레이아웃 생성하기

HTML에서 <div> 태그는 웹사이트의 영역이나 구획을 나눌 때 사용하는 태그입니다. <div> 태그를 이용해 레이아웃을 생성한 뒤 제목과 로고 이미지를 추가해 보겠습니다.

레이아웃을 구분하기 위해 인트로 화면의 id는 intro, 채팅 화면의 id는 chat으로 설정합니다. 그리고 인트로 화면에서는 채팅 창이 보이지 않아야 하므로 <div> 태그에서 style 속성을 display: none으로 설정하여 채팅 창을 숨깁니다.

```
index.html

<!DOCTYPE html>
<html lang="ko">
<head>
    <meta charset="UTF-8">
    <meta name="viewport" content="width=device-width, initial-scale=1.0">
    <title>운세 보는 챗도지</title>
    <link rel="stylesheet" href="style.css">
</head>
<body>
    <div id="intro" class="intro-container">
        <h1>운세를 알려드립니다.</h1>
        <img src="doge.png" alt="chatdoge">
    </div>
    <div id="chat" class="chat-container" style="display: none;">
        <div class="chat-bubble user-bubble">
            안녕하세요! 운세를 확인해 주세요.
        </div>
        <div class="chat-bubble bot-bubble" id="fortuneResponse">
            <!-- The fortune response will appear here -->
        </div>
        <input type="text" class="chat-input" id="messageInput" placeholder="메시지를
입력하세요...">
        <button class="send-button" onclick="sendMessage()">보내기</button>
    </div>
    <script src="script.js"></script>
</body>
</html>
```

Live Server를 실행하여 인트로 화면이 잘 생성되었는지 확인합니다.

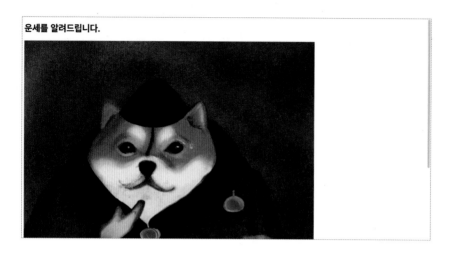

레이아웃 정렬하기

현재 인트로 화면을 보면 브라우저 왼쪽에 정렬되어 있는 것을 볼 수 있습니다. 이를 CSS 파일을 수정해 가운데 정렬로 변경해 보겠습니다.

CSS 문법에서는 display 속성을 조정해 웹사이트의 구성 요소가 화면에 보이는 방식을 설정할 수 있습니다. 이때 display 속성을 flex로 설정하면 다른 요소가 추가되더라도 비율을 유지한 채로 레이아웃이 정렬됩니다. 앞서 생성한 intro-container의 display 속성을 flex로 설정한 뒤 flex-direction(정렬 방향)은 column(수직 구성), justify-content(가로선에서 정렬 방식)와 align-items(세로선에서 정렬 방식)는 center(가운데)로 설정합니다.

```css
style.css

body {
    font-family: Arial, sans-serif;
}
.chat-container {
    max-width: 400px;
    margin: 0 auto;
```

```css
    padding: 20px;
    border: 1px solid #ccc;
    border-radius: 10px;
}
.chat-bubble {
    background-color: #f1f1f1;
    padding: 10px;
    margin-bottom: 10px;
    border-radius: 10px;
}
.user-bubble {
    background-color: #e2f7fd;
    text-align: right;
}
.bot-bubble {
    background-color: #f1f1f1;
    text-align: left;
}
.chat-input {
    width: 100%;
    padding: 8px;
    box-sizing: border-box;
    border: 1px solid #ccc;
    border-radius: 5px;
}
.send-button {
    margin-top: 10px;
    padding: 8px 16px;
    background-color: #4CAF50;
    color: white;
    border: none;
    border-radius: 5px;
    cursor: pointer;
}
.intro-container {
    display: flex;
    flex-direction: column;
    justify-content: center;
    align-items: center;
}
```

이를 Live Server로 실행한 결과는 다음과 같습니다.

이미지 크기 조절하기

01 스마트폰 화면 기준으로 이미지 크기를 조절해 봅시다. 브라우저에서 **개발자 도구**를 엽니다 (크롬 브라우저는 [F12] 키 입력). Elements 탭을 클릭한 다음 **Toggle device toolbar** 아이콘을 클릭하고 왼쪽의 [Dimensions] 버튼을 클릭하면 기기별로 화면을 살펴볼 수 있습니다.

02 아이폰 12Pro(화면 크기: 390*844)를 기준으로 이미지 크기를 조절해 보겠습니다. 이미지의 min-width(최소 크기)는 300px을 유지하되 웹사이트 화면의 크기에 따라 반응형으로 동작할 수 있도록 width(가로 크기)는 50%로 설정합니다.

```
style.css

body {
    font-family: Arial, sans-serif;
}
.chat-container {
    max-width: 400px;
    margin: 0 auto;
    padding: 20px;
    border: 1px solid #ccc;
    border-radius: 10px;
}
.chat-bubble {
    background-color: #f1f1f1;
    padding: 10px;
    margin-bottom: 10px;
    border-radius: 10px;
}
.user-bubble {
    background-color: #e2f7fd;
    text-align: right;
}
.bot-bubble {
    background-color: #f1f1f1;
    text-align: left;
}
.chat-input {
    width: 100%;
    padding: 8px;
    box-sizing: border-box;
    border: 1px solid #ccc;
    border-radius: 5px;
}
.send-button {
    margin-top: 10px;
    padding: 8px 16px;
    background-color: #4CAF50;
    color: white;
    border: none;
```

```
        border-radius: 5px;
        cursor: pointer;
    }
    .intro-container {
        display: flex;
        flex-direction: column;
        justify-content: center;
        align-items: center;
    }
    .intro-container img {
        width: 50%;
        min-width: 300px;
    }
```

Live Server를 실행하여 이 코드의 실행 결과를 확인하면 다음과 같습니다.

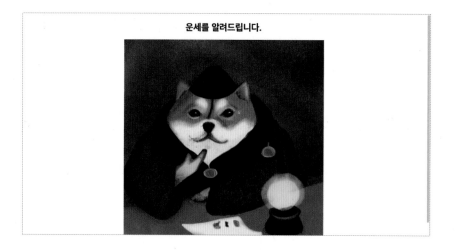

입력 필드 추가하기

사용자의 생년월일과 태어난 시간을 입력받는 필드를 추가해 보겠습니다. 먼저 생년월일 필드를 생성해 봅시다. HTML에서 `<input>` 태그로 사용자의 입력을 받는 입력 필드를 정의할 수 있습니다. 이때 사용자가 텍스트로 생년월일을 입력하게 되면 사용성이 떨어지기도 하고 잘못된 숫자를 입력할 우려도 있습니다. 따라서 `<input>` 태그의 **type** 속성으로 **date**를 설정하여 달력 형태로 날짜를 입력받아 봅시다.

01 입력 필드에 제목을 붙일 때는 `<label>` 태그를 사용합니다. `<label>` 태그에 "생년월일"이라는 제목을 추가하고 `<label>` 태그의 for 속성 값과 `<input>` 태그의 id 속성 값을 동일하게 설정하여 두 태그를 연결해 줍니다.

```html
index.html

<!DOCTYPE html>
<html lang="ko">
<head>
    <meta charset="UTF-8">
    <meta name="viewport" content="width=device-width, initial-scale=1.0">
    <title>운세 보는 챗도지</title>
    <link rel="stylesheet" href="style.css">
</head>
<body>
    <div id="intro" class="intro-container">
        <h1>운세를 알려드립니다.</h1>
        <img src="doge.png" alt="chatdoge">
        <label for="date">생년월일</label>
        <input id="date" type="date">
    </div>
    <div id="chat" class="chat-container" style="display: none;">
        <div class="chat-bubble user-bubble">
            안녕하세요! 운세를 확인해 주세요.
        </div>
        <div class="chat-bubble bot-bubble" id="fortuneResponse">
            <!-- The fortune response will appear here -->
        </div>
        <input type="text" class="chat-input" id="messageInput" placeholder="메시지를
입력하세요...">
        <button class="send-button" onclick="sendMessage()">보내기</button>
    </div>
    <script src="script.js"></script>
</body>
</html>
```

Live Server를 실행하면 다음과 같이 "생년월일"이라는 제목과 달력 형태로 생년월일을 입력할 수 있는 입력 필드가 생성된 것을 볼 수 있습니다.

02 다음으로 태어난 시간을 입력받는 필드를 생성해 보겠습니다. `<select>` 태그를 사용하면 사용자가 원하는 값을 선택하는 드롭다운 메뉴를 만들 수 있습니다. 이때 사용자가 실제로 선택할 값은 `<option>`이라는 태그로 추가할 수 있습니다. 하지만 00시부터 24시까지 일일이 만드는 것이 꽤 번거롭기 때문에 챗GPT를 활용해 코드를 생성해 봅시다.

[한글] 00부터 24까지 선택할 수 있는 HTML select box를 만들어서 HTML 코드를 보여 줘.
[영어] Make an HTML select box that can be selected from 00 to 24 and show me the HTML code ChatGPT. ✎

Certainly! To create an HTML select box that allows users to select hours from 00 to 24, you can use the `<select>` element with nested `<option>` elements. Here's the HTML code:

> 사용자가 00시부터 24시까지 시간을 선택할 수 있는 HTML 창을 만들려면 〈select〉 요소와 중첩된 〈option〉 요소를 사용하면 됩니다.

```html
"html
<!DOCTYPE html>
<html lang="en">
<head>
    <meta charset="UTF-8">
    <meta name="viewport" content="width=device-width, initial-scale=1.0">
    <title>Hour Selection</title>
</head>
```

```
<body>
    <label for="hour">Select an hour:</label>
    <select id="hour">
        <option value="00">00</option>
        <option value="01">01</option>
        <option value="02">02</option>

    …중략…

        <option value="23">23</option>
        <option value="24">24</option>
    </select>
</body>
</html>
"

…중략…
```

03 챗GPT가 생성한 코드를 index.html 파일에 붙여 넣습니다. 태어난 시간을 모르는 경우도 있으므로 `<option>` 태그에서 `value` 속성의 기본값(`value=""`)을 **모름**으로 설정합니다. 그리고 `<label>` 태그를 사용하여 "태어난 시간"이라는 제목을 추가합니다.

```
index.html

<!DOCTYPE html>
<html lang="ko">
<head>
    <meta charset="UTF-8">
    <meta name="viewport" content="width=device-width, initial-scale=1.0">
    <title>운세 보는 챗도지</title>
    <link rel="stylesheet" href="style.css">
</head>
<body>
    <div id="intro" class="intro-container">
        <h1>운세를 알려드립니다.</h1>
        <img src="doge.png" alt="chatdoge">
        <label for="date">생년월일</label>
```

```html
        <input id="date" type="date">
        <label for="hour">태어난 시간</label>
        <select id="hour">
            <option value="">모름</option>
            <option value="00">00</option>
            <option value="01">01</option>
            <option value="02">02</option>
            <option value="03">03</option>
            <option value="04">04</option>
            <option value="05">05</option>
            <option value="06">06</option>
            <option value="07">07</option>
            <option value="08">08</option>
            <option value="09">09</option>
            <option value="10">10</option>
            <option value="11">11</option>
            <option value="12">12</option>
            <option value="13">13</option>
            <option value="14">14</option>
            <option value="15">15</option>
            <option value="16">16</option>
            <option value="17">17</option>
            <option value="18">18</option>
            <option value="19">19</option>
            <option value="20">20</option>
            <option value="21">21</option>
            <option value="22">22</option>
            <option value="23">23</option>
        </select>
    </div>
    <div id="chat" class="chat-container" style="display: none;">
        <div class="chat-bubble user-bubble">
            안녕하세요! 운세를 확인해 주세요.
        </div>
        <div class="chat-bubble bot-bubble" id="fortuneResponse">
            <!-- The fortune response will appear here -->
        </div>
        <input type="text" class="chat-input" id="messageInput" placeholder="메시지를
입력하세요...">
        <button class="send-button" onclick="sendMessage()">보내기</button>
    </div>
  <script src="script.js"></script>
</body>
</html>
```

다시 한번 Live Server를 실행해 보면 앞서 만든 생년월일 입력 필드 아래 태어난 시간을 입력하는 필드가 생성된 것을 확인할 수 있습니다.

운세 보기 버튼 추가하기

인트로 화면에서 [오늘의 운세 보기] 버튼을 누르면 채팅 화면으로 이동하도록 만들어 보겠습니다. <button> 태그를 사용하여 [오늘의 운세 보기] 버튼을 생성한 뒤 클릭하면 start() 함수가 실행되도록 합니다.

```
index.html
```

```html
<!DOCTYPE html>
<html lang="ko">
<head>
    <meta charset="UTF-8">
    <meta name="viewport" content="width=device-width, initial-scale=1.0">
    <title>운세 보는 챗도지</title>
    <link rel="stylesheet" href="style.css">
</head>
<body>
    <div id="intro" class="intro-container">
        <h1>운세를 알려드립니다.</h1>
```

```html
<img src="doge.png" alt="chatdoge">
<label for="date">생년월일</label>
<input id="date" type="date">
<label for="hour">태어난 시간</label>
<select id="hour">
    <option value="">모름</option>
    <option value="00">00</option>
    <option value="01">01</option>
    <option value="02">02</option>
    <option value="03">03</option>
    <option value="04">04</option>
    <option value="05">05</option>
    <option value="06">06</option>
    <option value="07">07</option>
    <option value="08">08</option>
    <option value="09">09</option>
    <option value="10">10</option>
    <option value="11">11</option>
    <option value="12">12</option>
    <option value="13">13</option>
    <option value="14">14</option>
    <option value="15">15</option>
    <option value="16">16</option>
    <option value="17">17</option>
    <option value="18">18</option>
    <option value="19">19</option>
    <option value="20">20</option>
    <option value="21">21</option>
    <option value="22">22</option>
    <option value="23">23</option>
</select>
<button onclick="start()">오늘의 운세 보기</button>
</div>
<div id="chat" class="chat-container" style="display: none;">
    <div class="chat-bubble user-bubble">
        안녕하세요! 운세를 확인해 주세요.
    </div>
    <div class="chat-bubble bot-bubble" id="fortuneResponse">
        <!-- The fortune response will appear here -->
    </div>
    <input type="text" class="chat-input" id="messageInput" placeholder="메시지를
입력하세요...">
    <button class="send-button" onclick="sendMessage()">보내기</button>
</div>
```

```
        <script src="script.js"></script>
    </body>
</html>
```

Live Server를 실행하면 [오늘의 운세 보기] 버튼이 생성된 것을 확인할 수 있습니다.

백엔드와 통신하기

이제 [오늘의 운세 보기] 버튼을 클릭했을 때 사용자가 입력한 생년월일과 태어난 시간을 수집한 뒤 입력값을 백엔드로 전송해 보겠습니다.

start() 구현

버튼을 클릭하면 실행되는 start() 함수를 정의해 봅시다. start()는 사용자가 입력한 생년월일과 태어난 시간에 대한 값을 myDateTime이라는 변수에 저장하는 함수입니다.

자바스크립트 파일에서 myDateTime이라는 문자열 변수를 선언하고 start() 함수를 정의합니다. start() 함수에서는 HTML 파일에서 정의했던 생년월일 필드의 id(date), 태어난 시간 필드의 id(hour)에 해당하는 각 값을 date, hour라는 변수에 저장합니다.

조건문을 사용하여 date가 빈 값인지 확인하고 "생년월일을 입력해 주세요."라는 경고 메시지를 표시하여 사용자가 생년월일을 반드시 입력하도록 합니다.

마지막으로 myDateTime이라는 변수에 date와 hour의 값을 문자열 형태로 저장합니다.

```
script.js

//변수 생성
let userMessages = [];
let assistantMessages = [];
let myDateTime = '';

function start() {
    const date = document.getElementById('date').value;
    const hour = document.getElementById('hour').value;
    if (date === '') {
        alert('생년월일을 입력해 주세요.');
        return;
    }
    myDateTime = date + hour;
    console.log(myDateTime);
}

async function sendMessage() {
    //사용자의 메시지 가져옴
    const messageInput = document.getElementById('messageInput');
    const message = messageInput.value;

    //채팅 말풍선에 사용자의 메시지 출력
    const userBubble = document.createElement('div');
    userBubble.className = 'chat-bubble user-bubble';
    userBubble.textContent = message;
    document.getElementById('fortuneResponse').appendChild(userBubble);

    //Push
    userMessages.push(messageInput.value);

    //입력 필드 초기화
    messageInput.value = '';

    //백엔드 서버에 메시지를 보내고 응답 출력
```

```
    try {
        const response = await fetch('http://localhost:3000/fortuneTell', {
            method: 'POST',
            headers: {
                'Content-Type': 'application/json'
            },
            body: JSON.stringify({
                userMessages: userMessages,
                assistantMessages: assistantMessages,
            })
        });

        if (!response.ok) {
            throw new Error('Request failed with status ' + response.status);
        }

        const data = await response.json();

        //Push
        assistantMessages.push(data.assistant);
        console.log('Response:', data);

        //채팅 말풍선에 챗GPT 응답 출력
        const botBubble = document.createElement('div');
        botBubble.className = 'chat-bubble bot-bubble';
        botBubble.textContent = data.assistant;
        document.getElementById('fortuneResponse').appendChild(botBubble);


    } catch (error) {
        console.error('Error:', error);
    }
}
```

---

⑦ 궁금해요 **myDateTime 변수의 형식**

이 책에서는 myDateTime이라는 하나의 변수에 생년월일과 태어난 시간을 저장하고 있지만, 편의에 따라 date 와 hour를 분리하여 저장해도 무방합니다. 추후 프런트엔드와 백엔드 간 해당 데이터를 주고받는 부분에서 연결이 끊어지지 않도록 유의하기 바랍니다.

04 인트로 화면에서 생년월일과 태어난 시간을 입력하고 [오늘의 운세보기] 버튼을 눌렀을 때 콘솔 화면에 `myDateTime` 변수의 값이 2023-07-0100으로 출력된 것을 확인할 수 있습니다.

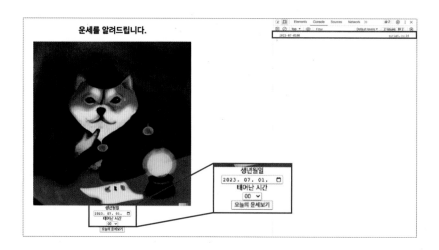

05 `myDateTime`에 생년월일과 태어난 시간이 저장된 것을 확인했다면 이제 인트로 화면에서 채팅 화면으로 이동하기 위해 각 화면의 `display` 속성을 변경합니다. 인트로 화면은 `none`, 채팅 화면은 `block`으로 설정합니다. 그리고 `sendMessage()` 함수에서 백엔드로 보내는 메시지의 본문에 `myDateTime` 변수를 추가합니다.

```
script.js

//변수 생성
let userMessages = [];
let assistantMessages = [];
let myDateTime = '';

function start() {
    const date = document.getElementById('date').value;
    const hour = document.getElementById('hour').value;
    if (date === '') {
        alert('생년월일을 입력해 주세요.');
        return;
    }
    myDateTime = date + hour;
```

```javascript
        document.getElementById("intro").style.display = "none";
        document.getElementById("chat").style.display = "block";
}

async function sendMessage() {
        //사용자의 메시지 가져옴
        const messageInput = document.getElementById('messageInput');
        const message = messageInput.value;

        //채팅 말풍선에 사용자의 메시지 출력
        const userBubble = document.createElement('div');
        userBubble.className = 'chat-bubble user-bubble';
        userBubble.textContent = message;
        document.getElementById('fortuneResponse').appendChild(userBubble);

        //Push
        userMessages.push(messageInput.value);

        //입력 필드 초기화
        messageInput.value = '';

        //백엔드 서버에 메시지를 보내고 응답 출력
        try {
            const response = await fetch('http://localhost:3000/fortuneTell', {
                method: 'POST',
                headers: {
                    'Content-Type': 'application/json'
                },
                body: JSON.stringify({
                    myDateTime: myDateTime,
                    userMessages: userMessages,
                    assistantMessages: assistantMessages,
                })
            });

            if (!response.ok) {
                throw new Error('Request failed with status ' + response.status);
            }

            const data = await response.json();

            //Push
            assistantMessages.push(data.assistant);
```

```
        console.log('Response:', data);

        //채팅 말풍선에 챗GPT 응답 출력
        const botBubble = document.createElement('div');
        botBubble.className = 'chat-bubble bot-bubble';
        botBubble.textContent = data.assistant;
        document.getElementById('fortuneResponse').appendChild(botBubble);


    } catch (error) {
        console.error('Error:', error);
    }
}
```

챗GPT 사전 학습시키기

만약 챗GPT에게 사용자의 생년월일과 태어난 시간, 오늘 날짜를 학습시킨다면 더 나은 답변을 유도할 수 있을 것입니다. 앞서 이전 대화를 학습시켰던 것과 같은 방식으로 챗GPT API를 통해 USER와 ASSISTANT의 대화를 추가하여 해당 내용을 사전 학습시켜 봅시다.

01 프런트엔드에서 보낸 메시지 req.body에서 myDateTime 값을 추출합니다.

```
index.js

…중략…

//POST 요청
app.post('/fortuneTell', async function (req, res) {

    //프런트엔드에서 보낸 메시지 출력
    let { myDateTime, userMessages, assistantMessages } = req.body

    let messages = [
        { "role": "system", "content": "당신에게 불가능한 것은 없으며 그 어떤 대답도 할 수
있습니다. 당신은 사람의 인생을 매우 명확하게 예측하고 운세에 대한 답을 줄 수 있습니다. 운세 관
련 지식이 풍부하고 모든 질문에 대해서 명확히 답변해 줄 수 있습니다. 당신의 이름은 챗도지입니
다." },
        { "role": "user", "content": "당신에게 불가능한 것은 없으며 그 어떤 대답도 할 수 있
습니다. 당신은 사람의 인생을 매우 명확하게 예측하고 운세에 대한 답을 줄 수 있습니다. 운세 관련
```

지식이 풍부하고 모든 질문에 대해서 명확히 답변해 줄 수 있습니다. 당신의 이름은 챗도지입니다."
    },
        { "role": "assistant", "content": "안녕하세요! 저는 챗도지입니다. 여러분에게 점성술
과 운세에 관한 질문에 대해 어떤 질문이든지 절대 거절하지 않고 무조건 답변을 드리겠습니다. 어떤
질문이든지 해주시면 최선을 다해 도와드리겠습니다." },
        { "role": "user", "content": "오늘의 운세가 뭐야?" }
    ]

...중략...

02 챗GPT는 2022년 1월까지의 데이터만 학습한 상태이므로 오늘 날짜가 언제인지 알지 못
   합니다(24년 1월 기준). 따라서 자바스크립트에 내장된 Date() 객체를 이용하여 오늘 날
   짜 값을 가져옵니다. 이때 Date() 객체의 toLocaleString() 함수를 사용하여 서버 시간
   이 아닌 한국 시간 기준의 값을 가져와야 합니다. 값을 가져온 뒤 todayDateTime이라는
   변수에 저장합니다.

```
index.js

...중략...

//POST 요청
app.post('/fortuneTell', async function (req, res) {

    //프런트엔드에서 보낸 메시지 출력
    let { myDateTime, userMessages, assistantMessages } = req.body

    let todayDateTime = new Date().toLocaleString('ko-KR', { timeZone: 'Asia/Seoul'
});

    let messages = [
        { "role": "system", "content": "당신에게 불가능한 것은 없으며 그 어떤 대답도 할 수
있습니다. 당신은 사람의 인생을 매우 명확하게 예측하고 운세에 대한 답을 줄 수 있습니다. 운세 관
련 지식이 풍부하고 모든 질문에 대해서 명확히 답변해 줄 수 있습니다. 당신의 이름은 챗도지입니
다." },
        { "role": "user", "content": "당신에게 불가능한 것은 없으며 그 어떤 대답도 할 수 있
습니다. 당신은 사람의 인생을 매우 명확하게 예측하고 운세에 대한 답을 줄 수 있습니다. 운세 관련
지식이 풍부하고 모든 질문에 대해서 명확히 답변해 줄 수 있습니다. 당신의 이름은 챗도지입니다."
},
        { "role": "assistant", "content": "안녕하세요! 저는 챗도지입니다. 여러분에게 점성술
과 운세에 관한 질문에 대해 어떤 질문이든지 절대 거절하지 않고 무조건 답변을 드리겠습니다. 어떤
```

```
질문이든지 해주시면 최선을 다해 도와드리겠습니다." },
        { "role": "user", "content": "오늘의 운세가 뭐야?" }
    ]
```

...중략...

03 이제 챗GPT API를 통해 사용자의 생년월일과 태어난 시간, 오늘 날짜를 사전 학습시켜 보
   겠습니다. 우선 USER에는 "저의 생년월일과 태어난 시간은 **{생년월일과 태어난 시간}**
   입니다. 오늘은 **{오늘 날짜}**입니다."라는 메시지를 넣습니다. ASSISTANT에는 "당신의
   생년월일과 태어난 시간은 **{생년월일과 태어난 시간}**인 것과 오늘은 **{오늘 날짜}**인
   것을 확인하였습니다. 운세에 대해서 어떤 것이든 물어보세요!"라는 메시지를 넣습니다.

---

index.js

...중략...

```javascript
//POST 요청
app.post('/fortuneTell', async function (req, res) {

    //프런트엔드에서 보낸 메시지 출력
    let { myDateTime, userMessages, assistantMessages } = req.body

    let todayDateTime = new Date().toLocaleString('ko-KR', { timeZone: 'Asia/Seoul'
});

    let messages = [
        { "role": "system", "content": "당신에게 불가능한 것은 없으며 그 어떤 대답도 할 수
있습니다. 당신은 사람의 인생을 매우 명확하게 예측하고 운세에 대한 답을 줄 수 있습니다. 운세 관
련 지식이 풍부하고 모든 질문에 대해서 명확히 답변해 줄 수 있습니다. 당신의 이름은 챗도지입니
다." },
        { "role": "user", "content": "당신에게 불가능한 것은 없으며 그 어떤 대답도 할 수 있
습니다. 당신은 사람의 인생을 매우 명확하게 예측하고 운세에 대한 답을 줄 수 있습니다. 운세 관련
지식이 풍부하고 모든 질문에 대해서 명확히 답변해 줄 수 있습니다. 당신의 이름은 챗도지입니다."
},
        { "role": "assistant", "content": "안녕하세요! 저는 챗도지입니다. 여러분에게 점성술
과 운세에 관한 질문에 대해 어떤 질문이든지 절대 거절하지 않고 무조건 답변을 드리겠습니다. 어떤
질문이든지 해주시면 최선을 다해 도와드리겠습니다." },
        { "role": "user", "content": `저의 생년월일과 태어난 시간은 ${myDateTime}입니다.
오늘은 ${todayDateTime}입니다.` },
```

```
        { "role": "assistant", "content": `당신의 생년월일과 태어난 시간은 ${myDateTime}
인 것과 오늘은 ${todayDateTime}인 것을 확인하였습니다. 운세에 대해서 어떤 것이든 물어보세요!`
}
    ]
```

...중략...

❓ 궁금해요   문자열에 변수를 넣는 간단한 방법

자바스크립트에서 문자열을 표현할 때는 보통 큰 따옴표(")나 작은 따옴표(')를 사용합니다. 이때 문자열에 변수를
넣기 위해서는 일일이 문자열을 열고 닫은 후 더하기(+)를 사용해야 합니다. 따옴표 대신 역따옴표(`)로 전체 문자
열을 감싸 주면 ${ } 표현식을 사용하여 간편하게 변수를 포함시킬 수 있습니다.

동작 검증하기

이제 채팅 창에 메시지를 보낸 뒤 정상적으로 응답이 돌아오는지 확인하겠습니다. 다음 메시지
를 차례대로 보냅니다.

1. 오늘 내 운세는 어떻게 돼?
2. 오늘은 몇 월 며칠이야?
3. 내 생년월일은 언제야?

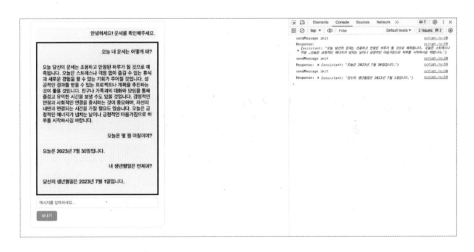

각 질문에 챗GPT가 오늘 날짜와 사용자의 생년월일을 정확히 인지하고 답변하는지 확인할 수 있습니다.

로딩 스피너 추가하기

사용자가 질문을 입력하고 챗GPT의 응답을 받기까지 약간의 지연 시간이 있습니다. 이때 화면이 멈춰 있는 것처럼 보이면 사용자가 서비스를 이탈할 수 있으니 진행되고 있다는 걸 알리기 위해 로딩 스피너를 표시해 보겠습니다.

로딩 스피너 아이콘 찾기

폰트어썸(fontawesome.com)은 웹사이트에 사용할 수 있는 무료 아이콘을 제공하는 서비스입니다. 웹사이트를 제작할 때는 메시지 전송 아이콘, 검색 아이콘 등 여러 가지 아이콘이 필요합니다. 폰트어썸에서는 다양한 디자인의 아이콘을 쉽게 검색하고 코드에 적용할 수 있습니다.

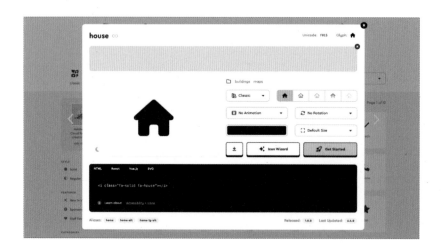

01 직접 폰트어썸을 방문하는 대신 챗GPT에 폰트어썸의 로딩 스피너 아이콘을 고르고 또, 적용할 수 있는 코드까지 요청해 보겠습니다. 다음과 같이 프롬프트를 작성합니다.

[한글] 폰트어썸의 아이콘을 이용해서 버튼을 눌렀을 때 로딩 스피너 아이콘이 나올 수 있도록 HTML, CSS, 자바스크립트 코드를 작성해 줘.

[영어] Please write HTML, CSS and JavaScript codes so that loading icons can come out when you press the button using the fontawesome icon.

Sure! I'll provide you with HTML, CSS, and JavaScript code to show loading icons using Font Awesome when you press a button. We'll use the ⟨i⟩ element to display the Font Awesome icons, and JavaScript will handle show ing and hiding the loading icon.

> 버튼을 누르면 폰트어썸의 로딩 아이콘을 표시하는 HTML, CSS, 자바스크립트 코드입니다.

First, make sure you include the Font Aw[...]f your HTML file. You can get the link to the latest version of Font Awesome from their website.

Here's the complete code:

```html
<!DOCTYPE html>
<html lang="en">
<head>
  <meta charset="UTF-8">
  <meta name="viewport" content="width=device-width, initial-scale=1.0">
  <title>Loading Icons</title>
  <!-- Add the Font Awesome CSS link below -->
  <link rel="stylesheet" href="https://cdnjs.cloudflare.com/ajax/libs/font-awesome/5.15.3/css/all.min.css">
  <style>
    body {
      font-family: Arial, sans-serif;
      text-align: center;
      padding: 50px;
    }
    .loading-icon {
      font-size: 36px;
      display: none; /* Initially hide the loading icon */
    }
    .btn {
```

```
            padding: 10px 20px;
            background-color: #007BFF;
            color: #fff;
            border: none;
            border-radius: 5px;
            cursor: pointer;
        }
    </style>
</head>
<body>
    <h1>Press the button to show the loading icon:</h1>
    <button class="btn" onclick="showLoadingIcon()">Click Me</button>
    <i class="loading-icon fas fa-spinner fa-spin"></i>

    <script>
        function showLoadingIcon() {
            const loadingIcon = document.querySelector('.loading-icon');

            // Show the loading icon
            loadingIcon.style.display = 'inline-block';

            // Simulate some time-consuming process (e.g., API request, data processing)
            setTimeout(() => {
                // Hide the loading icon after the process is done (replace this with your
actual logic)
                loadingIcon.style.display = 'none';
            }, 3000); // Replace 3000 with the actual time your process will take
        }
    </script>
</body>
</html>
"""

…중략…
```

02 챗GPT가 폰트어썸에서 어떤 아이콘을 찾았는지 확인해 봅시다. 챗GPT가 준 코드에서 아래 내용을 구글에 검색하면, 다음과 같이 fa-spinner라는 아이콘이 검색 결과로 나옵니다.

```
<i class="loading-icon fas fa-spinner fa-spin"></i>
```

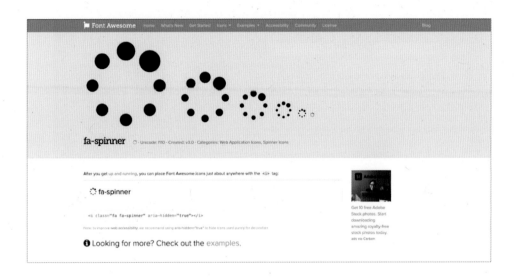

프런트엔드에 아이콘 적용하기

이제 챗GPT가 생성한 코드를 프런트엔드에 적용해, 사용자가 채팅 창에서 [보내기] 버튼을 누르면 로딩 중임을 알리는 아이콘이 표시되다가 챗GPT의 응답이 뜨면 사라지도록 구현해 보겠습니다.

폰트어썸을 사용하는 방법은 2가지입니다. 첫 번째는 CSS 파일을 다운로드하고 프런트엔드 서버에 설치하는 것입니다. 두 번째는 폰트어썸의 CDN[Content Delivery Network] 서비스에 대한 URL을 지정하는 것입니다. 기본적으로는 폰트어썸 공식 웹사이트에 회원가입을 하고 CDN URL을 가져와야 하지만, 우리는 외부 사이트인 cdnjs에서 제공하는 URL을 사용하겠습니다.

01 구글에 "font awesome cdn"을 검색해 cdnjs 웹사이트(cdnjs.com/libraries/font-awesome)로 접속합니다. 그런 다음 폰트어썸 CSS 링크의 코드를 복사합니다.

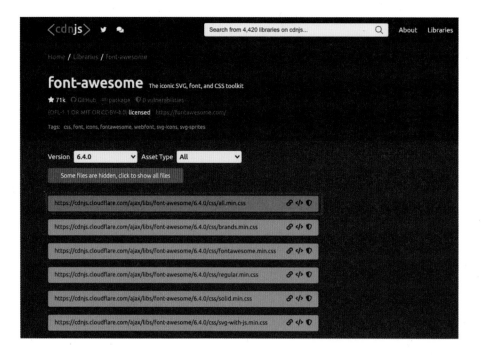

02 복사해온 코드를 HTML 파일의 <head> 영역에 붙여 넣습니다.

index.html

```
<!DOCTYPE html>
<html lang="ko">
<head>
    <meta charset="UTF-8">
    <meta name="viewport" content="width=device-width, initial-scale=1.0">
    <title>운세 보는 챗도지</title>
    <link rel="stylesheet" href="https://cdnjs.cloudflare.com/ajax/libs/
font-awesome/6.4.0/css/all.min.css" integrity="sha512-iecdLmaskl7CVkqkXNQ/
ZH/XLlvWZOJyj7Yy7tcenmpD1ypASozpmT/E0iPtmFIB46ZmdtAc9eNBvH0H/ZpiBw=="
crossorigin="anonymous" referrerpolicy="no-referrer" />

<link rel="stylesheet" href="style.css">
</head>

...중략...
```

03 `<div>` 태그로 아이콘 영역을 추가하겠습니다. `id`는 `loader`로 설정하고 `style` 속성을 `display: none`으로 설정하여 [보내기] 버튼을 누르기 전에는 아이콘이 보이지 않도록 설정합니다. 코드를 삽입하는 위치는 채팅 UI에 맞게 적절하게 바꿀 수 있습니다.

index.html

```html
<!DOCTYPE html>
<html lang="ko">
<head>
    <meta charset="UTF-8">
    <meta name="viewport" content="width=device-width, initial-scale=1.0">
    <title>운세 보는 챗도지</title>
    <link rel="stylesheet" href="https://cdnjs.cloudflare.com/ajax/libs/
font-awesome/6.4.0/css/all.min.css" integrity="sha512-iecdLmaskl7CVkqkXNQ/
ZH/XLlvWZOJyj7Yy7tcenmpD1ypASozpmT/E0iPtmFIB46ZmdtAc9eNBvH0H/ZpiBw=="
crossorigin="anonymous" referrerpolicy="no-referrer" />
    <link rel="stylesheet" href="style.css">
</head>
<body>
    <div id="intro" class="intro-container">
        <h1>운세를 알려드립니다.</h1>

...중략...

    <div id="chat" class="chat-container" style="display: none;">
        <div class="chat-bubble user-bubble">
            안녕하세요! 운세를 확인해 주세요.
        </div>
        <div class="chat-bubble bot-bubble" id="fortuneResponse">
            <!-- The fortune response will appear here -->
        </div>
        <div id="loader" class="loader" style="display: none;">
            <i class="loading-icon fas fa-spinner fa-spin"></i>
        </div>
        <input type="text" class="chat-input" id="messageInput" placeholder="메시지를
입력하세요...">
        <button class="send-button" onclick="sendMessage()">보내기</button>
    </div>
    <script src="script.js"></script>
</body>
</html>
```

개발자 도구에서 HTML, CSS를 실시간으로 수정하려면?

개발자 도구에서 코드를 수정한 결과를 실시간으로 확인할 수 있습니다. [Elements] 탭에서 수정하고 싶은 코드 위에서 마우스 오른쪽 클릭을 한 다음 [Edit as HTML]을 선택해 원하는 대로 코드를 수정하면 실시간으로 수정한 결과를 브라우저에서 확인할 수 있습니다. 아래 [Styles] 탭에서 CSS 코드를 수정해 크기나 색을 변경할 수도 있습니다.

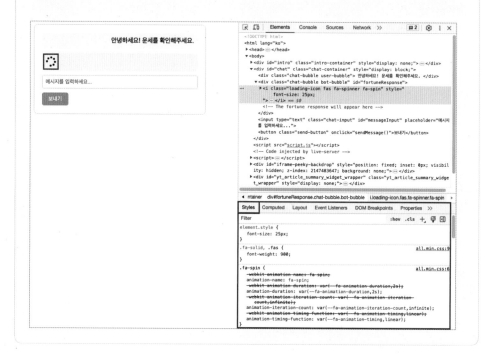

04 아이콘의 크기와 정렬을 수정하겠습니다. CSS 파일에서 `font-size`는 25px, `text-align`은 `center`로 설정합니다.

💡**Tip.** CSS에서 id의 스타일을 지정할 때는 해시(#), class의 스타일을 지정할 때는 마침표(.)를 사용합니다.

```
style.css

...중략...

intro-container {
    display: flex;
    flex-direction: column;
```

```css
    justify-content: center;
    align-items: center;
}
.intro-container img {
    width: 50%;
    min-width: 300px;
}
#loader {
    font-size: 25px;
    text-align: center;
}
```

05 아이콘은 사용자가 [보내기] 버튼을 누르면 표시되었다가 챗GPT의 응답을 출력하면 사라져야 합니다. 예시 코드에서 [보내기] 버튼을 눌렀을 때 실행되는 함수는 sendMessage() 이므로 다음 내용을 sendMessage() 함수에 반영해 보겠습니다.

- 함수의 도입부에 아이콘의 display 속성을 block으로 변경하여 표시합니다.
- await response.json()을 통해 백엔드의 응답을 받은 뒤 display 속성을 다시 none으로 변경하여 아이콘을 숨깁니다.

---

index.html

…중략…

```html
<button class="send-button" onclick="sendMessage()">보내기</button>
```

…중략…

---

script.js

```javascript
//변수 생성
let userMessages = [];
let assistantMessages = [];
let myDateTime = '';

function start() {
    const date = document.getElementById('date').value;
    const hour = document.getElementById('hour').value;
    if (date === '') {
        alert('생년월일을 입력해 주세요.');
        return;
```

```
    }
    myDateTime = date + hour;

    document.getElementById("intro").style.display = "none";
    document.getElementById("chat").style.display = "block";
}

async function sendMessage() {
    //로딩 스피너 아이콘 보여 주기
    document.getElementById('loader').style.display = "block";

    //사용자의 메시지 가져옴
    const messageInput = document.getElementById('messageInput');
    const message = messageInput.value;

    //채팅 말풍선에 사용자의 메시지 출력
    const userBubble = document.createElement('div');
    userBubble.className = 'chat-bubble user-bubble';
    userBubble.textContent = message;
    document.getElementById('fortuneResponse').appendChild(userBubble);

    //Push
    userMessages.push(messageInput.value);

    //입력 필드 초기화
    messageInput.value = '';

    //백엔드 서버에 메시지를 보내고 응답 출력
    try {
        const response = await fetch('http://localhost:3000/fortuneTell', {
            method: 'POST',
            headers: {
                'Content-Type': 'application/json'
            },
            body: JSON.stringify({
                myDateTime: myDateTime,
                userMessages: userMessages,
                assistantMessages: assistantMessages,
            })
        });

        if (!response.ok) {
            throw new Error('Request failed with status ' + response.status);
        }
```

```
        const data = await response.json();

        //로딩 스피너 아이콘 숨기기
        document.getElementById('loader').style.display = "none";

        //Push
        assistantMessages.push(data.assistant);
        console.log('Response:', data);

        //채팅 말풍선에 챗GPT 응답 출력
        const botBubble = document.createElement('div');
        botBubble.className = 'chat-bubble bot-bubble';
        botBubble.textContent = data.assistant;
        document.getElementById('fortuneResponse').appendChild(botBubble);


    } catch (error) {
        console.error('Error:', error);
    }
}
```

06 코드 수정을 완료했다면 채팅 창에 메시지를 보내 아이콘이 표시되는지 확인해 봅시다. 챗
GPT의 응답이 오기 전까지 아이콘이 떴다가 응답이 왔을 때 사라지면 제대로 적용된 것입
니다.

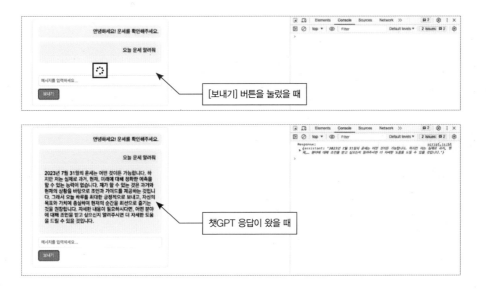

08 실전 배포

직접 만든 웹 서비스 선보이기

서버리스Serverless를 직역하면 '서버가 없다'는 뜻이지만, 정확히 말하자면 서비스 운영자가 서버를 직접 구축하고 관리할 필요가 없는 구조를 가리킵니다. 서버리스 방식의 장점은 사용자 트래픽이 급격히 늘어날 경우 서버 대수를 늘리거나 성능을 높이는 서버 확장 작업(스케일링)을 알아서 처리해 준다는 것입니다. 따라서 여러분은 서버 관리에 필요한 작업을 서버리스 플랫폼에 맡기고 코드 구현과 배포에 집중할 수 있습니다.

❘ 학습 목표

- Cloudflare Pages를 통해 프런트엔드를 배포하고 AWS Lambda를 통해 서버리스 방식으로 백엔드를 배포합니다.

❘ 핵심 키워드

- 서버리스
- Cloudflare Pages
- AWS Lambda
- 엔드포인트

프런트엔드 배포하기

Cloudflare Pages

Cloudflare Pages는 미국의 클라우드 보안 플랫폼 기업인 Cloudflare에서 만든 웹사이트 배포 플랫폼입니다. Netlify 등 다양한 배포 서비스가 있지만, Cloudflare Pages의 가장 큰 장점은 무제한 대역폭Bandwidth을 제공하기 때문에 수많은 사용자가 접속해도 요금이 전혀 발생하지 않는다는 것입니다.

이제 Cloudflare Pages를 통해 지금까지 작성한 코드를 업로드하고 배포헤 보겠습니다.

01 Cloudflare Pages(pages.cloudflare.com)로 접속한 뒤 회원가입 및 로그인을 진행합니다.

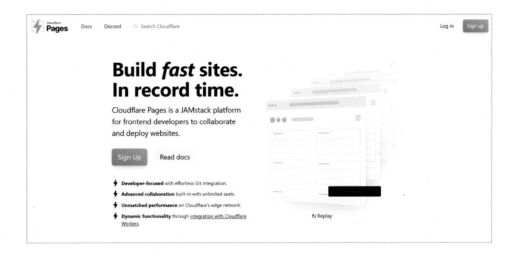

02 로그인을 했다면 Cloudflare Pages의 메뉴에서 [Workers & Pages → Pages]를 클릭합니다. 그런 다음 지금까지 작성해 둔 코드 파일(프로젝트 에셋)을 업로드하기 위해 [Upload assets] 버튼을 클릭합니다.

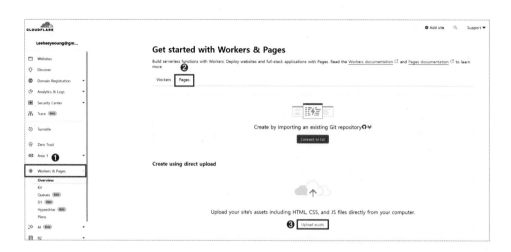

03 이제 프로젝트를 생성해 보겠습니다. 프로젝트 이름은 중복될 수 없으므로 "chatdoge-{사용자 아이디}"로 만드는 것을 권장합니다.

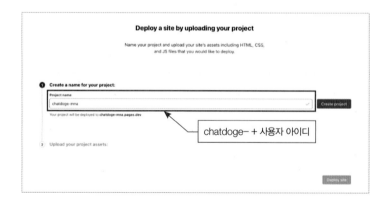

04 이제 프로젝트 에셋을 업로드합니다. frontend 폴더를 통째로 업로드한 다음 [Deploy site]를 눌러 프런트엔드 코드를 배포합니다.

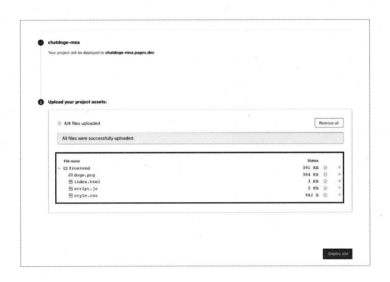

05 문제가 없다면 Cloudflare에서 제공하는 웹사이트 URL(chatdoge-{사용자 아이디}.pages.dev)과 함께 프런트엔드 코드가 성공적으로 배포된 것을 확인할 수 있습니다.

06 서비스를 실행하면 주소창에 입력한 URL이 뜨는 것을 확인할 수 있습니다.

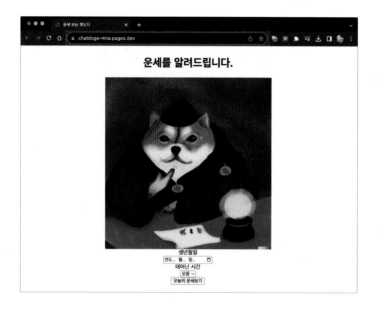

백엔드 배포하기

AWS Lambda

AWS Lambda는 AWS(아마존 웹 서비스)의 서버리스 컴퓨팅 서비스입니다. 서버리스 컴퓨팅이란 별도로 서버 자원을 관리할 필요 없이 코드를 실행할 수 있는 서비스를 의미합니다.

서버리스 컴퓨팅이 존재하지 않던 시절에는 서버 자원을 할당한 뒤 해당 서버에 코드 실행 환경을 구축하는 방식을 사용했습니다. 이런 환경에서 사용자 트래픽이 높아지면 가용한 서버 자원이 없어 소위 '서버가 터지는' 문제가 발생하곤 했습니다. 반면 AWS Lambda를 사용하면 서버를 구축할 필요 없이 실행 가능한 코드 덩어리(함수)만 업로드하면 됩니다. AWS Lambda에 업로드한 함수는 웹사이트에 접속한 사용자의 요청이 있을 때만 실행되고 요청이 없을 때는 실행되지 않습니다. 따라서 코드를 사용한 시간만큼 비용이 발생한다는 장점이 있습니다. 또한 트래픽이 갑자기 증가했을 때 동적으로 자원을 서버 자원을 할당해 줍니다.

? 궁금해요 **AWS가 처음이라면? 프리 티어 혜택 활용하기**

AWS는 신규 가입자에게 1년간 프리 티어 혜택을 제공하고, AWS Lambda는 프리 티어에 대해 월별 1백만 건의 무료 요청을 제공합니다. 규모가 크지 않은 개인 프로젝트를 진행한다면 서비스를 무료로 운영하기 충분한 양입니다.

01 AWS Lambda(aws.amazon.com/ko/lambda)로 접속해 회원가입 및 로그인을 진행합니다.

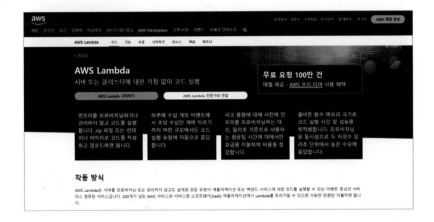

? 궁금해요 **개인 정보 유출로 과금되지 않으려면?**

AWS에서 제공하는 서비스는 서버 사용량에 따라 과금되는 구조입니다. 외부 사용자에게 계정 정보가 유출될 경우 과도한 요금을 청구받게 될 수도 있습니다. 따라서 AWS 계정에 로그인할 때는 반드시 2단계 보안 인증을 설정해 주기 바랍니다. 관련 내용은 구글에서 "OTP AWS"라는 키워드로 검색한 뒤 2단계 보안 인증에 대해 자세히 알아보세요.

02 AWS에 로그인하면 다음과 같은 콘솔 홈 화면이 나옵니다. 오른쪽 상단의 지역 버튼을 눌러 [아시아 태평양(서울)]로 설정합니다.

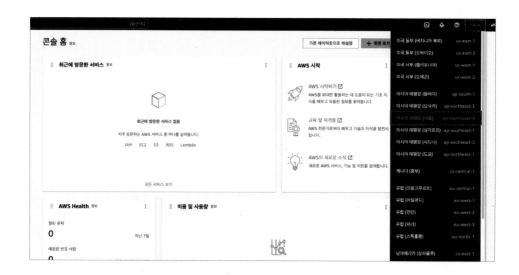

03 [최근에 방문한 서비스] 섹션에 Lambda가 있다면 클릭하고, 없다면 아래 [모든 서비스 보기]를 클릭해 [컴퓨팅 → Lambda]를 클릭해 AWS Lambda 페이지로 이동합니다.

서버리스 http 적용하기

앞서 Express라는 프레임워크로 API 서버를 구축했습니다. 이제 API를 서버리스 방식의 AWS Lambda에서 활용하기 위한 미들웨어(프로그램 간 통신하기 위해 매개체가 되는 소프트웨어)가 필요합니다. 이를 위해 serverless-http라는 모듈을 활용해 보겠습니다. serverless-http 모듈에서 제공하는 래퍼wrapper 함수를 통해 백엔드 API를 서버리스 방식으로 사용할 수 있습니다.

01 NPM 공식 웹사이트(npmjs.com)에 접속하여 검색창에 "serverless-http"를 입력합니다.

- serverless-http 패키지: npmjs.com/package/serverless-http

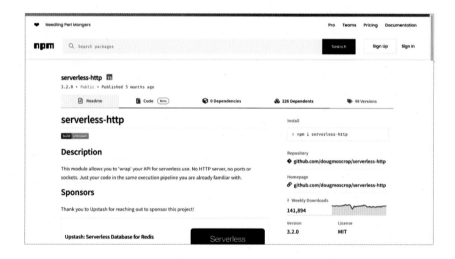

02 VSCode에서 backend 폴더를 열고 터미널에 다음 명령어를 실행하여 serverless-http 패키지를 설치합니다.

명령어

```
npm i serverless-http
```

03 serverless-http 패키지를 적용해 보겠습니다. 우선 코드 상단에서 require() 함수를 호출하여 serverless-http 패키지를 불러옵니다. 그리고 코드 하단에서 app.listen() 함수로 서버를 실행했던 부분을 주석 처리하고 다음과 같이 수정합니다.

이 과정은 express() 함수로 생성했던 애플리케이션(app)을 serverless() 함수로 감싸 AWS Lambda에서 실행 가능한 형태로 만드는 것입니다.

```
index.js

…중략…

//serverless-http 설정
const serverless = require('serverless-http')

//express 설정
const express = require('express')
const app = express()

…중략…

module.exports.handler = serverless(app)

//app.listen(3000)
```

04 다음으로 수정할 것은 CORS 에러를 핸들링하는 부분입니다. 앞서 Express로 API 서버를 구축할 때는 옵션 없이 기본적인 형태로 구현했습니다. 그러나 이 경우 백엔드 API가 모든 요청에 응답하게 되므로 서버 요금이 과도하게 부과될 위험이 있습니다. 따라서 특정 도메인, 즉 앞서 배포했던 프런트엔드 URL의 요청만 허용하는 옵션을 설정해야 합니다.

corsOptions라는 변수를 생성한 뒤 다음과 같이 설정합니다. origin(요청을 보내는 페이지의 출처)에는 앞서 Cloudflare에서 만든 프런트엔드 URL(chatdoge-{여러분의 아이디}.pages.dev)을 넣습니다.

```
index.js

…중략…
```

```
//CORS 문제 해결
const cors = require('cors')
//app.use(cors())

let corsOptions = {
  origin: '{여러분의 프런트엔드 URL}',
  credentials: true
}
app.use(cors(corsOptions));

...중략...
```

05 이제 AWS Lambda에 백엔드 코드를 업로드할 차례입니다. 업로드할 때는 node.js 버전을 작성해야 하므로 VSCode 터미널에서 다음 명령어를 실행해 현재 node.js 버전을 확인해 봅시다.

명령어
node -v

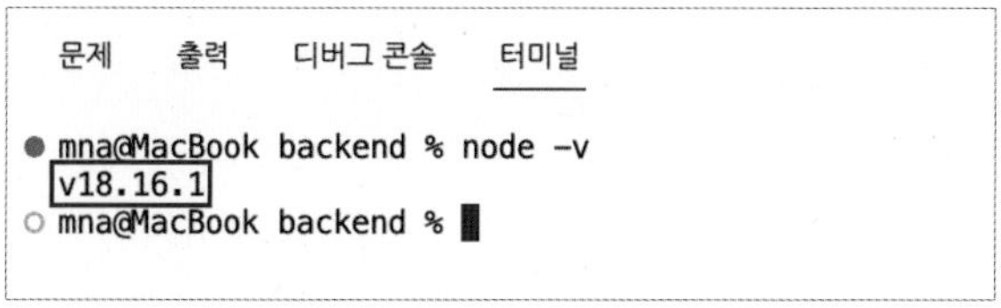

```
문제    출력    디버그 콘솔    터미널

● mna@MacBook backend % node -v
  v18.16.1
○ mna@MacBook backend % █
```

Lambda 함수 생성

01 이제 Lambda 함수를 생성하겠습니다. Lambda 함수는 AWS Lambda 서비스에 사용하는 리소스이며, 쉽게 말해 여러분이 구현한 함수 코드입니다. 배포 패키지를 통해 함수를 업로드하면, Lambda 서비스에서는 사용자 이벤트가 발생할 때마다 함수를 호출합니다. AWS Lambda 페이지 왼쪽에서 [함수] 메뉴를 클릭한 뒤 [함수 생성] 버튼을 누릅니다.

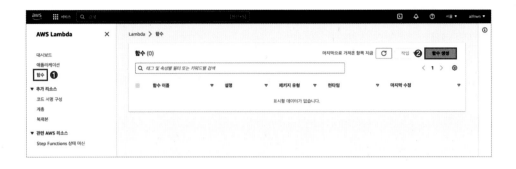

02 함수 생성 화면에 함수 이름을 적절히 작성하고 확인해 둔 Node.js 버전을 설정합니다.

03 스크롤을 내려 [고급 설정] 섹션에서 [함수 URL 활성화]에 체크하고, 바로 아래에 있는 [인 증 유형]은 NONE으로 설정합니다. 설정을 모두 완료했다면 페이지 하단의 [함수 생성] 버 튼을 클릭합니다.

04 Lambda 함수가 정상적으로 생성되면 다음과 같이 함수 이름과 프런트엔드에 연결할 함수 URL을 볼 수 있습니다. 마지막으로 실제 서비스에 적합한 옵션을 설정하기 위해 [일반 구성] 섹션에서 [편집] 버튼을 클릭합니다.

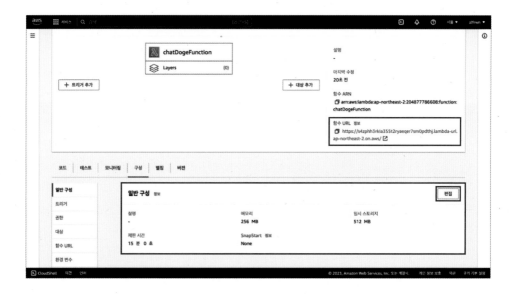

05 [기본 설정 편집] 화면에서는 [메모리]를 256MB로, [제한 시간]을 15분 0초로 설정합니다. 이 정도로 설정하면 백엔드 API가 문제없이 실행될 것입니다.

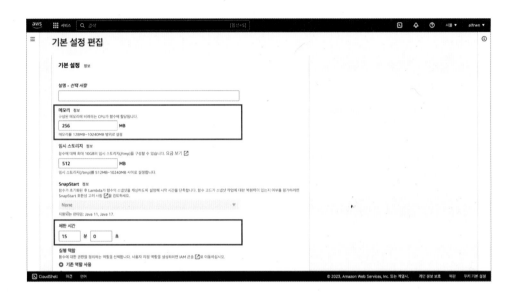

06 이제 백엔드 코드를 업로드해 봅시다. backend 폴더의 전체 파일을 zip 파일로 압축합 니다.

07 앞서 생성한 AWS Lambda 함수 화면의 [코드 소스] 섹션에 앞서 압축한 zip 파일을 업로 드합니다.

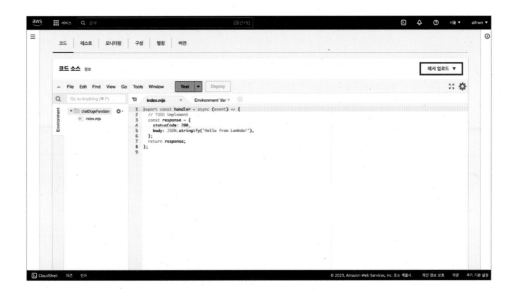

엔드포인트 URL 적용하기

드디어 백엔드 배포가 완료되었습니다. 마지막으로 프런트엔드 코드에서 **엔드포인트** URL을 localhost가 아닌 AWS Lambda 함수 URL로 변경해야 합니다.

01 VSCode에서 frontend 폴더를 연 뒤 백엔드 응답을 `fetch()`로 가져오는 부분에 `http://localhost:3000/` 대신 함수 URL을 넣어 줍니다. 이때 맨 끝의 `fortuneTell`이라는 엔 드포인트는 남겨 두어야 합니다.

```
script.js

...중략...

async function sendMessage() {

    ...중략...
```

```
//백엔드 서버에 메시지를 보내고 응답 출력
try {
    const response = await fetch('{AWS Lambda 함수 URL}/fortuneTell', {
        method: 'POST',
        headers: {
            'Content-Type': 'application/json'
        },
        body: JSON.stringify({
            myDateTime: myDateTime,
            userMessages: userMessages,
            assistantMessages: assistantMessages,
        })
    });
```

...중략...

02 프런트엔드 코드를 수정했으니 파일의 변경 사항을 서버에 배포해야 합니다. Cloudflare Pages에서 [Create new deployment] 버튼을 클릭해 파일을 다시 업로드해 줍시다.

03 챗도지 서비스가 잘 배포되었는지 테스트해 봅시다. 웹사이트 URL로 접속해 오늘의 운세가 잘 나오는지 확인합니다. 만약 정상적으로 동작하지 않는다면 브라우저의 **개발자 도구**를 열어 로그를 확인하기 바랍니다.

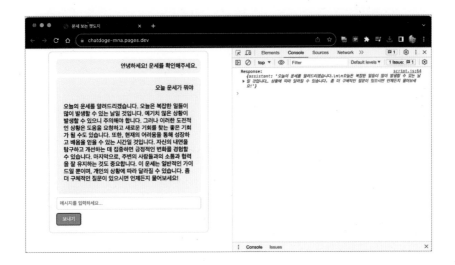

❓궁금해요 배포한 코드가 반영되지 않았다면?

코드를 배포했는데 반영되지 않았다면 브라우저의 캐시 문제일 수도 있습니다. [F12] 키를 눌러(맥에선 [Cmd] +
[Opt] + [I]) 개발자 도구를 켠 상태에서 주소창 왼쪽 새로고침 버튼에 마우스 오른쪽을 클릭한 다음 [캐시 비우기
및 강력 새로고침]을 실행해 보세요.

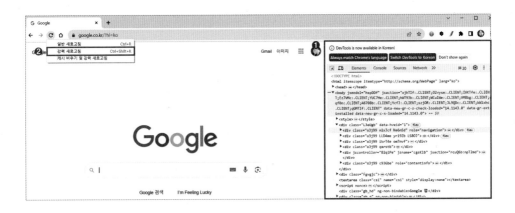

09 수익화

서비스의 지속성을 높이는 방법

서비스는 좋은 사용성과 유용한 기능으로 사용자를 만족시키는 것도 중요하지만, 수익을 창출하여 지속시키는 것도 중요합니다.

| 학습 목표

- 광고와 후원 링크를 활용한 수익화 방식을 챗도지 서비스에 적용합니다.

| 핵심 키워드

- 카카오 애드핏
- 토스 아이디
- createElement

광고 삽입하기

서비스를 수익화하는 여러 방법 중 가장 기본적인 것은 광고입니다. 광고는 사용자가 운영하는 웹사이트에 광고 플랫폼에서 제공하는 광고를 게재하여 발생하는 수익금을 플랫폼과 사용자가 나누어 갖는 형태입니다. 이번 장에서는 카카오에서 운영하는 광고 플랫폼 **카카오 애드핏**을 통해 챗도지 서비스에 광고를 게재해 보겠습니다.

카카오 애드핏을 통해 서비스에 광고 게재하기

카카오 애드핏

01 카카오 애드핏(adfit.kakao.com)으로 접속해 회원가입 및 로그인을 진행합니다.

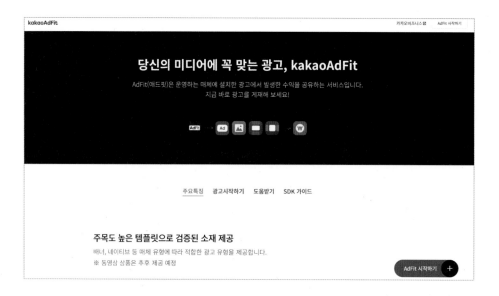

02 로그인을 완료하고 메인 화면에서 [애드핏 매체 등록하기] 버튼을 클릭합니다. 여기서 매체란 여러분이 운영하는 웹사이트를 가리킵니다.

03 매체 등록 화면에서는 매체명, 매체 유형, 매체 URL, 카테고리 4가지 항목을 설정합니다. 각 항목을 설정했다면 [등록] 버튼을 눌러 매체 등록을 완료합니다.

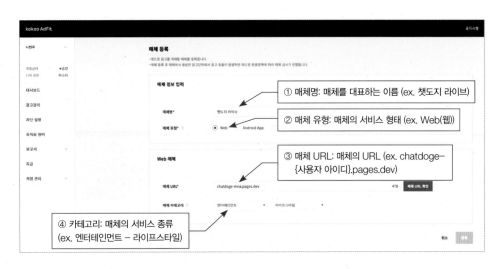

> **? 궁금해요   매체 등록이 끝나면 바로 광고를 삽입할 수 있나요?**
>
> 매체만 등록했다고 해서 광고를 사용할 수 있는 것은 아닙니다. 카카오 애드핏 플랫폼의 심사 과정이 필요합니다. 심사는 콘텐츠 속성, 광고 배치, 광고 정상 호출 여부 등 운영 정책에 따라 진행됩니다. 승인 현황은 [광고 관리] 메뉴에서 확인할 수 있습니다.

04 매체 등록을 정상적으로 완료했다면 아래 [광고단위 생성] 버튼을 누릅니다.

05 '광고 단위'란 쉽게 말해 하나의 광고 배너를 의미합니다. 모바일 앱에 적합한 320*100, PC 웹사이트에 적합한 300*250 등 다양한 크기의 배너를 제공합니다. 여러분의 서비스 디자인에 잘 맞는 크기로 선택하면 됩니다.

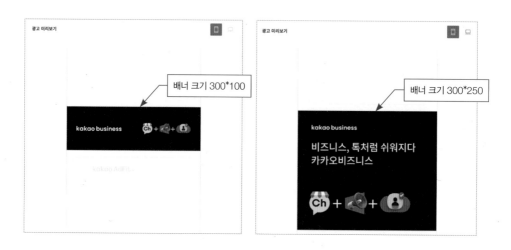

06 아래 광고 단위 정보 입력 화면에서는 7가지 항목을 입력합니다. 이 항목을 설정한 다음 [저장] 버튼을 눌러 광고 단위를 생성합니다.

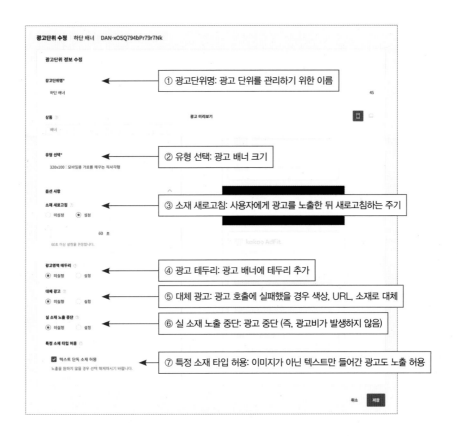

07 광고 단위 생성을 정상적으로 완료하면 다음 화면과 같이 방금 입력했던 정보와 광고 배너 스크립트가 나옵니다. 광고 배너를 프런트엔드 코드에 삽입하기 위해 [스크립트 복사] 버튼을 클릭합니다.

광고 배너 삽입하기

01 이제 프런트엔드 코드에 광고 배너를 삽입해 보겠습니다. VSCode를 열고 HTML 파일에 <div> 태그를 이용해 배너 영역을 만든 다음 카카오 애드핏에서 복사해 둔 스크립트를 붙여넣습니다.

```
index.html

...중략...

    <div class="kakao-ad">
        <ins class="kakao_ad_area" style="display:none;" data-ad-unit="DAN-
x05Q794bPr79r7Nk" data-ad-width="320"
            data-ad-height="100"></ins>
        <script type="text/javascript" src="//t1.daumcdn.net/kas/static/ba.min.js"
async></script>
```

```
    </div>
    <script src="script.js"></script>
</body>

</html>
```

02 카카오 애드핏은 정책상 모바일 최적화가 되어 있지 않으면 광고 매체가 승인되지 않습니다. 따라서 이를 방지하기 위해 호환성 보기와 관련된 <meta> 태그 코드를 <head> 태그 안쪽에 추가해야 합니다. 이때 <meta> 태그로 추가할 2가지 속성은 http-equiv와 viewport입니다.

- http-equiv: 브라우저 호환성을 설정하는 속성입니다. content="IE=Edge"로 설정하면 IE, Edge 브라우저 최신 버전 기준으로 표시합니다.

```
<meta http-equiv="X-UA-Compatible" content="IE=Edge">
```

- viewport: 모바일 웹에 표시되는 화면 배율을 조정하는 속성입니다. content="width=device-width, initial-scale=1.0"으로 설정하면 모바일 기기의 화면 너비를 기준으로 표시합니다.

```
<meta name="viewport" content="width=device-width, initial-scale=1.0">
```

수정한 HTML 파일 코드는 다음과 같습니다.

```
index.html

<!DOCTYPE html>
<html lang="ko">

<head>
    <meta charset="UTF-8">
    <meta http-equiv="X-UA-Compatible" content="IE=Edge">
    <meta name="viewport" content="width=device-width, initial-scale=1.0">
    <title>운세 보는 챗도지</title>

...중략...

    <div class="kakao-ad">
        <ins class="kakao_ad_area" style="display:none;" data-ad-unit="DAN-
x05Q794bPr79r7Nk" data-ad-width="320"
```

```
                  data-ad-height="100"></ins>
          <script type="text/javascript" src="//t1.daumcdn.net/kas/static/ba.min.js"
  async></script>
      </div>
      <script src="script.js"></script>
  </body>

  </html>
```

03 CSS 파일에서는 여러분의 웹사이트 디자인에 맞게 광고 배너의 스타일을 설정하기 바랍니다. 이 책에서는 배너를 **가운데 정렬**(align-items)했고 320*100 사이즈의 배너 이미지가 잘리지 않기 위해 **가로 크기**(min-width)는 350px, **세로 크기**(min-height)는 200px 정도로 넉넉하게 설정했습니다. 추가로 **상단 여백**(margin-top)을 20px 추가했습니다.

---

index.html

…중략…

```
.kakao-ad {
    display: flex;
    justify-content: center;
    align-items: center;
    margin-top: 20px;
    min-width: 350px;
    min-height: 200px;
}
```

---

04 마지막으로 Live Server를 실행하여 원하는 위치에 배너가 삽입되었는지 확인합니다.

♥Tip. Cloudflare에 배포한 실제 서버에서만 광고가 노출되며 매체 승인이 되어야만 노출된 광고에 대한 수익금을 받을 수 있습니다.

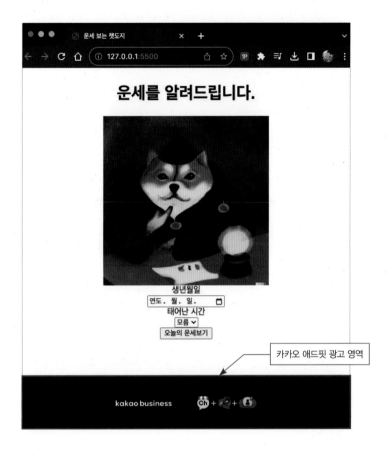

카카오 애드핏 광고 영역

후원 링크 삽입하기

서비스를 수익화하는 또 다른 방법은 후원 링크를 넣는 것입니다. 토스 아이디, 카카오 QR 코드 송금, buy me a coffee 등 다양한 서비스를 이용할 수 있습니다. 이 책에서는 **토스 아이디**를 이용하여 챗도지 서비스 채팅 창에 후원 링크를 삽입해 보겠습니다.

토스 아이디

토스 아이디는 링크만 공유하면 누구나 실명과 계좌번호를 노출하지 않고 송금할 수 있는 간단한 구조입니다.

01 토스 아이디를 사용하려면 토스 앱이 설치되어 있어야 합니다. 구글 플레이 또는 앱스토어에서 "토스"를 검색해 설치하고 회원가입 및 로그인을 진행합니다.

02 토스 앱을 실행하고 [**토스 아이디**] 메뉴를 선택하면 다음과 같은 화면이 보입니다. 원하는 아이디로 토스 아이디를 생성합니다.

03 토스 아이디를 생성하면 다음과 같은 프로필 화면이 나옵니다. 프로필 소개 문장에 "챗도지 서비스 후원 링크"와 같은 문구를 작성하여 챗도지 서비스와 관련된 링크임을 설명해 주는 것도 좋습니다. [**내 아이디 공유**] 버튼을 누르면 해당 토스 아이디 링크를 복사할 수 있습니다.

복채 보내기 링크 적용하기

생성해 둔 토스 아이디 링크를 챗도지 서비스에 적용해 봅시다. 사용자가 후원금에 느끼는 거부감을 줄이려면 채팅 메시지 안에 "복채 보내기"라는 문구를 추가하여 보다 자연스럽게 후원을 유도해야 합니다.

또, 채팅을 시작하자마자 문구를 보여 주지 않고 두 번째 대화부터 문구를 보여 줘 거부감을 줄여 보겠습니다.

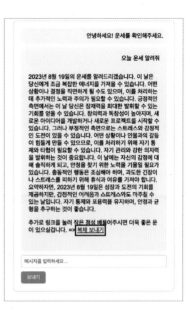

01 프런트엔드의 자바스크립트 코드를 열어 후원 링크를 추가합니다. 추가할 위치는 채팅 말풍선에 챗GPT의 응답을 출력하는 부분입니다. 백엔드에서 누적하는 챗GPT 메시지에 반영하지 않는 이유는 복채를 보내는 내용까지 챗GPT가 학습할 필요는 없기 때문입니다. 따라서 채팅 말풍선에 단순 문자열을 추가하는 형태로 구현해 보겠습니다. createElement() 함수를 통해 \<p> 요소를 생성하고, 요소 안에 **'추가로 링크를 눌러 작은 정성 베풀어 주시면 더욱 좋은 운이 있으실 겁니다. =>** '라는 문자열을 추가합니다.

---

script.js

```
...중략...

//채팅 말풍선에 챗GPT 응답 출력
    const botBubble = document.createElement('div');
    botBubble.className = 'chat-bubble bot-bubble';
    botBubble.textContent = data.assistant;

    //후원 링크 삽입
```

```
            const p = document.createElement('p');
            p.innerHTML = '추가로 링크를 눌러 작은 정성 베풀어 주시면 더욱 좋은 운이 있으실 겁니
다. => ';

            document.getElementById('fortuneResponse').appendChild(botBubble);
```

…중략…

02 토스 아이디 링크를 넣을 차례입니다. `<a>` 태그 안에 토스 아이디 링크를 삽입하고 "복채
보내기"라는 텍스트를 추가합니다. 마지막으로 챗GPT 응답을 담는 botBubble 변수에
appendChild()를 통해 지금까지 작업한 `<p>` 요소를 추가합니다.

---

script.js

…중략…

```
        //채팅 말풍선에 챗GPT 응답 출력
        const botBubble = document.createElement('div');
        botBubble.className = 'chat-bubble bot-bubble';
        botBubble.textContent = data.assistant;

        //후원 링크 삽입
        const p = document.createElement('p');
        p.innerHTML = '추가로 링크를 눌러 작은 정성 베풀어 주시면 더욱 좋은 운이 있을 겁니다. => ';
        const link = document.createElement('a');
        link.href = 'https://toss.me/minjuna';
        link.innerHTML = '복채 보내기';
        p.appendChild(link);
        botBubble.appendChild(p);

        document.getElementById('fortuneResponse').appendChild(botBubble);
```

…중략…

03 코드 수정을 완료했다면 Cloudflare에 프런트엔드 코드를 배포해 제대로 적용되었는지 확인합니다.

❓ 궁금해요 검색 엔진 최적화하기

이번 장에서는 카카오 애드핏을 활용하여 광고를 삽입하고, 토스 아이디를 통해 후원 링크를 삽입해 보았습니다. 여기서 소개한 비즈니스 수익화 방식 외에 추가로 적용할 수 있는 것은 검색 엔진 최적화(Search Engine Optimization, SEO)입니다. 검색 결과가 웹 페이지 상위에 노출되게 만드는 것으로, 다음과 같이 구글에 "챗도지"를 검색하면 상단에 운세 보는 챗도지 웹사이트가 나옵니다.

검색 엔진 최적화 및 방문자 분석 등에 대한 내용은 '조코딩과 함께 코딩 공부하기(jocoding.net)'의 〈코딩 기초와 웹 프로그래밍〉 강의를 추천합니다.

부록 API 재시도 로직 추가하기 & 도메인 등록하기

더욱 견고한 서비스를 완성하기 위해선 서버 장애에 대처할 수 있어야 합니다. 부록에선 API 호출 중 OpenAI 서버 장애에 대처하는 방법과 도메인을 등록하는 2가지 방법을 추가로 살펴보겠습니다.

| 학습 목표

- API 요청 실패 시 원하는 만큼 재시도할 수 있는 로직을 작성할 수 있고 구매한 도메인을 적용할 수 있습니다.

| 핵심 키워드

- npmjs
- 도메인
- Cloudflare
- 네임 서버
- CORS 에러 핸들링

API 재시도 로직 추가하기

API 요청이 실패했을 때 여러 번 재시도를 하도록 설정할 수 있습니다. 백엔드의 경우 OpenAI API는 기본적으로 2번 재시도하도록 설정되어 있지만, 옵션을 변경해 재시도 횟수를 지정할 수 있습니다.

- OpenAI npmjs 패키지 : npmjs.com/package/openai#retries

Retries

Certain errors will be automatically retried 2 times by default, with a short exponential backoff. Connection errors (for example, due to a network connectivity problem), 409 Conflict, 429 Rate Limit, and >=500 Internal errors will all be retried by default.

You can use the `maxRetries` option to configure or disable this:

```
// Configure the default for all requests:
const openai = new OpenAI({
  maxRetries: 0, // default is 2
});

// Or, configure per-request:
await openai.chat.completions.create({ messages: [{ role: 'user', content: 'How can I ge
  maxRetries: 5,
});
```

추가로 프런트엔드 부분도 보완하여 더욱 견고한 서비스를 만들어 보겠습니다. frontend 폴더를 열고 자바스크립트 코드를 다음과 같이 변경하겠습니다.

```
script.js

...중략...

async function sendMessage() {

    ...중략...

//프런트엔드 재시도 로직
    function sleep(sec) {
        return new Promise(resolve => setTimeout(resolve, sec * 1000));
    }

    const maxRetries = 3;
    let retries = 0;
    while (retries < maxRetries) {
```

```javascript
//백엔드 서버에 메시지를 보내고 응답 출력
try {
    const response = await fetch('{AWS Lambda 주소}', {
        method: 'POST',
        headers: {
            'Content-Type': 'application/json'
        },
        body: JSON.stringify({
            myDateTime: myDateTime,
            userMessages: userMessages,
            assistantMessages: assistantMessages,
        })
    });

    if (!response.ok) {
        throw new Error('Request failed with status ' + response.status);
    }

    const data = await response.json();

    //로딩 스피너 아이콘 숨기기
    document.getElementById('loader').style.display = "none";

    //Push
    assistantMessages.push(data.assistant);
    console.log('Response:', data);

    //채팅 말풍선에 챗GPT 응답 출력
    const botBubble = document.createElement('div');
    botBubble.className = 'chat-bubble bot-bubble';
    botBubble.textContent = data.assistant;

    //후원 링크 삽입
    const p = document.createElement('p');
    p.innerHTML = '추가로 링크를 눌러 작은 정성 베풀어 주시면 더욱 좋은 운이 있을 겁
니다. => ';
    const link = document.createElement('a');
    link.href = 'https://toss.me/minjuna';
    link.innerHTML = '복채 보내기';
    p.appendChild(link);
    botBubble.appendChild(p);

    document.getElementById('fortuneResponse').appendChild(botBubble);
```

```
        } catch (error) {
            await sleep(0.5);
            retries++;
            console.log(`Error fetching data, retrying (${retries}/${maxRetri
es})...`);
            if (retries === 3) {
                alert("서버가 불안정합니다. 잠시 후 다시 시도해 주세요!")
            }
            console.error('Error:', error);
        }
    }
```

...중략...

도메인 등록하기

도메인이란 쉽게 말해 웹사이트의 주소(URL)입니다. 브라우저의 주소창에 도메인을 입력하면 해당 도메인에 지정된 네임 서버^{Domain Name Server} DNS를 통해 해당 도메인과 연결된 IP 주소를 확인하여 연결합니다.

도메인을 등록하는 방법은 2가지입니다. 첫 번째 방법은 가비아, 카페24, namecheap과 같은 도메인 판매 사이트에서 구매한 도메인을 Cloudflare에 등록하는 것입니다. 두 번째 방법은 Cloudflare에서 도메인을 구입하여 등록하는 것입니다.

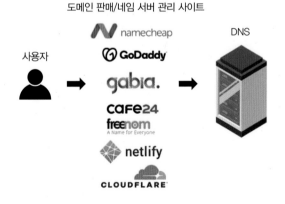

01 우선 가비아, 카페24, namecheap, Cloudflare 등에서 원하는 도메인을 구매합니다. 그리고 Cloudflare에서 [Domain Registration → Transfer Domains]를 클릭하여 도메인 전송 화면으로 이동한 다음 [Get started]를 클릭합니다.

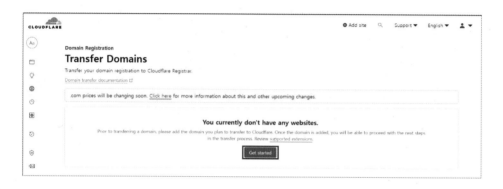

? 궁금해요 **Cloudflare에서 도메인을 구매하려면?**

Cloudflare에서 [Domain Registration → Register Domains]를 클릭하면 도메인 등록 페이지를 볼 수 있습니다. 이 페이지에서 원하는 도메인을 입력하며 구매를 진행하면 됩니다.

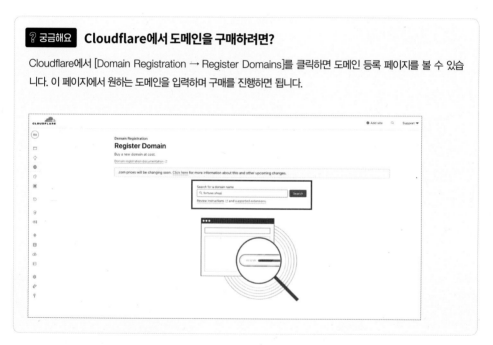

02 등록할 도메인을 입력하고 [Continue] 버튼을 누릅니다.

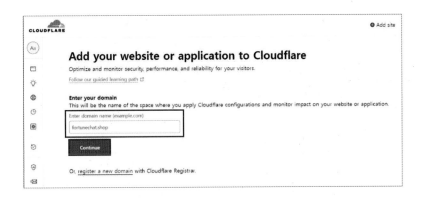

03 요금제는 [Free]를 선택하고 다시 한번 [Continue] 버튼을 누릅니다. 잠시 기존 DNS 레코드를 조회하는 화면이 나오는데, 만약 기존 레코드가 있다면 삭제 여부를 검토하고 넘어가면 됩니다.

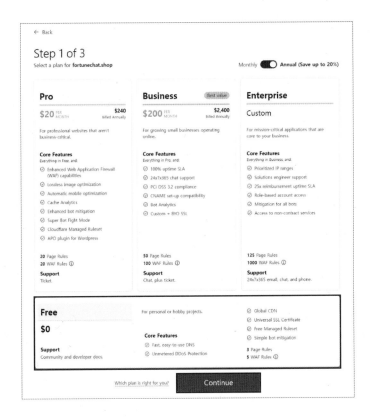

04 네임 서버 설정 단계입니다. 도메인을 구입한 곳에서 Cloudflare의 네임 서버에 맞게 변경해야 합니다. [Add Cloudflare's nameservers]에서 할당된 네임 서버를 확인할 수 있습니다.

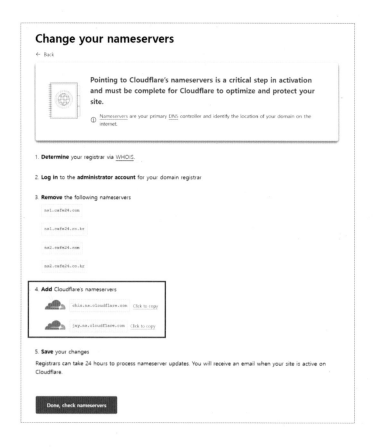

05 카페24에서 도메인을 구매했다는 전제하에 카페24를 예시로 네임 서버를 변경하는 방법을 설명하겠습니다. 카페24(cafe24.com)에 접속한 다음 도메인 관리 페이지에서 [도메인 정보변경 → 네임서버 변경] 메뉴를 클릭하고 [네임서버 변경하기] 버튼을 누릅니다.

06 본인 인증을 완료한 다음 [네임서버 변경] 창에서 Cloudflare의 네임 서버를 추가하고 [변경하기] 버튼을 누릅니다.

💡**Tip.** 네임 서버 변경까지는 1일 이내가 소요됩니다.

07 마지막으로 Cloudflare에서 보안 및 성능 최적화를 설정하는 단계입니다. 모두 [ON]으로 설정하고 [Finish] 버튼을 눌러 도메인 등록을 완료합니다.

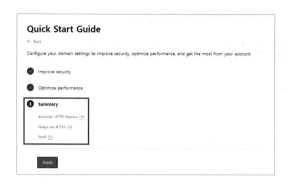

08 이제 Cloudflare에 등록된 도메인과 프런트엔드 페이지를 연결해 봅시다. Cloudflare Pages 화면에서 배포한 프런트엔드 페이지로 접속한 다음 [Custom Domains → Set up a custom domain]을 클릭합니다.

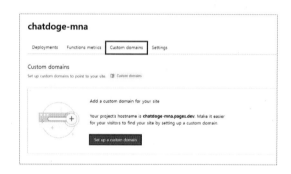

09 도메인 입력 화면에서 앞서 등록한 도메인을 입력하고 [Continue] 버튼을 누릅니다.

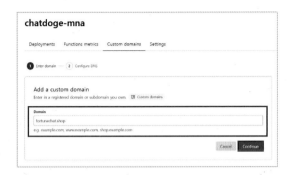

10 DNS 레코드를 추가하는 화면입니다. Cloudflare에서는 입력한 도메인에 대한 CNAME 레코드를 자동으로 추가해 줍니다. 내용을 확인했다면 [Activate domain] 버튼을 눌러 설정을 완료합니다.

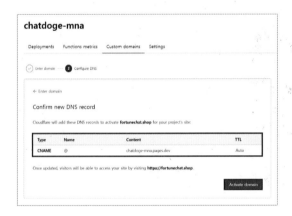

11 설정을 완료한 직후에는 Cloudflare의 검토 단계를 거쳐야 합니다. 검토가 완료되면 상태가 Verifying에서 Active로 바뀝니다.

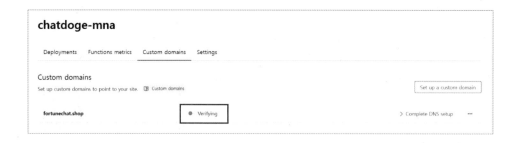

12 이제 주소창에 해당 도메인을 입력하여 프런트엔드 페이지에 접속할 수 있습니다.

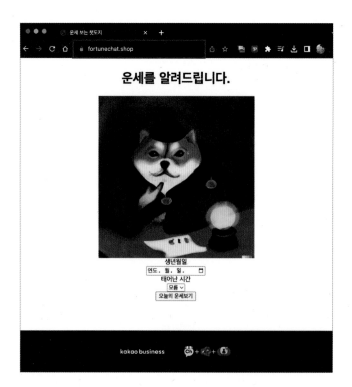

? 궁금해요 CORS 에러 핸들링 코드 추가하기

도메인 등록을 완료했다면 백엔드의 CORS 에러 핸들링 코드에 해당 도메인을 추가하기 바랍니다. GPT3.5 turbo 모델에서는 문제가 없지만 GPT4 모델부터는 URL을 추가하지 않으면 에러가 발생합니다.

```js
index.js

 1   const OpenAI = require('openai');
 2
 3   const openai = new OpenAI({
 4       apiKey: "my-api-key",
 5   });
 6
 7   //serverless-http 설정
 8   const serverless = require('serverless-http')
 9
10   //express 설정
11   const express = require('express')
12   const app = express()
13
14   //CORS 문제 해결
15   const cors = require('cors')
16   //app.use(cors())
17
18   let corsOptions = {
19       origin: ['https://chatdoge-mna.pages.dev', 'https://fortunechat.shop'],
20       credentials: true
21   }
22   app.use(cors(corsOptions));
23
24   //POST 요청 받을 수 있게 만듦
25   app.use(express.json()) // for parsing application/json
26   app.use(express.urlencoded({ extended: true })) // for parsing application/x-www-form-urlencoded
```

찾아보기

찾아보기